Swe

at your Fingertips

Other titles in this series

Swedish

at your Fingertips

compiled by

LEXUS

with

Lisbeth Bye and Peter Graves

Routledge
London

First published in 1989
by Routledge
11 New Fetter Lane, London EC4P 4EE

© Routledge Ltd 1989

Set in Linotron 202 Baskerville by Morton Word Processing Ltd, Scarborough
Printed in the British Isles by Guernsey Press Co Ltd, Channel Islands

British Library Cataloguing in Publication Data
Swedish at your fingertips.
   1. Spoken Swedish language
   I. Bye, Lisbeth II. Graves, Peter III. Lexus 439.7'83421
ISBN 0-415-02932-5

Contents

Pronunciation Guide

Because you are likely to want to speak most of the Swedish given in this book, rather than just to understand its meaning, an indication of the pronunciation has been given in square brackets. If you pronounce this as though it were English, the result will be clearly comprehensible to a Swede.

In some cases, however, we have decided it was not necessary to give the entire pronunciation for a word or phrase. This may be because it would more or less duplicate the ordinary Swedish spelling, or because the pronunciation of a particular word or words has already been given within the same entry. In these cases we have simply shown how to pronounce the problematic parts of the word or phrase.

Some comments on the pronunciation system used:

VOWELS

a	as in 'hat'
ah	as in 'father'
ai	as in 'fair'
aw	as in 'paw'; when followed by a double consonant (e.g. -tt) then as the 'o' in 'not'
ay	as in 'day'
e	as in 'get'
oo	as in 'book'
o͞o	as in 'soon'
∞	as in 'huge'
ur	as in 'fur'
ü	as 'ee' in 'bee' but with very rounded lips

CONSONANTS

ch	as in 'church'
g	as in 'get'
r	rolled as in Scots

When the print for a letter or for two letters is in bold type this means that this part of the word should be stressed.

English-Swedish

A

a, an en, ett *[ayn, ett]*; **10 kronor a bottle** 10 kronor flaskan; *see page 107*

about: about 25 cirka 25 *[seerka]*; **about 6 o'clock** omkring klockan 6; **is the manager about?** är chefen i närheten? *[ay shefen ee nairhayten]*; **I was just about to leave** jag skulle just till att gå *[yah skoolleh yoost till att gaw]*; **how about a drink?** vad sägs om en drink? *[vah sayss om ayn]*

above ovan(för) *[awvan(furr)]*; **above the village** ovanför byn *[bün]*

abroad utomlands *[ɷtomlandss]*; **when I go abroad** när jag reser utomlands *[nair yah raysser]*

abscess en böld *[burld]*

absolutely: it's absolutely perfect det är alldeles perfekt *[day ay aldayless pairfekt]*; **you're absolutely right** du har alldeles rätt *[dɷ hahr ... rett]*; **absolutely!** absolut! *[absolɷt]*

absorbent cotton bomull(en) *[bɷɷmooll]*

accelerator gaspedal(en) *[gahsspedahl]*

accept acceptera *[akseptayra]*

acceptable: this is not acceptable detta är inte godtagbart *[detta ay inteh gɷɷdtagbahrt]*

accident en olycka *[ɷɷlücka]*; **there's been an accident** det har hänt en olycka *[day hahr hent ayn]*; **sorry, it was an accident** förlåt, det var en olyckshändelse *[furrlawt day vahr ayn ɷɷlücks-hendelsseh]*

accommodation(s) logi *[lawshee]*; **we need accommodation(s) for four** vi behöver logi för fyra personer *[vee behurver ... furr füra pairshɷɷner]*

accurate exakt

ache: I have an ache here jag har ont här *[yah hahr ɷɷnt hair]*; **it aches** det värker *[day vairker]*

acid rain försurning(en) *[furrshɷrning]*

across: across the street tvärsöver gatan *[tvairshurver gahtan]*; **it's across the street** det är på andra sidan gatan *[day ay paw andra seedan]*

actor en skådespelare *[skawdeh-spaylareh]*

actress en skådespelerska *[skawdeh-spaylairshka]*

adapter *(for plugs)* en anslutnings-kontakt *[anslootnings-koontakt]*; *(voltage change)* en transformator *[transformahtor]*

address adress(en) *[adress]*; **what's your address?** vad är din adress? *[vah ay deen]*

address book en adressbok *[adress-bɷɷk]*

admission: how much is admission? vad kostar inträdet *[vah kostar intraidet]*

adore: I adore ... jag avgudar ... *[yah ahvgɷɷdar]*

adult en vuxen *[vooksen]*

advance: I'll pay in advance jag betalar i förskott *[yah betahlar ee furrshkott]*

advertisement en annons *[anawnss]*

advise: what would you advise? vad skulle du råda? *[vah skoolleh dɷɷ rawda]*

aeroplane flygplan(et) *[flügplahn]*

affluent förmögen *[furrmurgen]*

afraid: I'm afraid of heights jag är rädd för höjder *[yah ay redd furr hur-y-der]*; **don't be afraid** var inte rädd *[vahr inteh]*; **I'm not afraid** jag är inte rädd; **I'm afraid I can't help you** tyvärr kan jag inte hjälpa dig *[tüvair kan yah inteh yelpa day]*; **I'm afraid so** ja, tyvärr *[yah tüvair]*; **I'm afraid not** nej, tyvärr *[nay]*

after efter; **after 9 o'clock** efter klockan 9; **after you** varsågod! *[vahr-shaw-gɷɷd]*

afternoon eftermiddag(en) *[efter-middahg]*; **in the afternoon** på eftermiddagen *[paw]*; **good afternoon** (*on arrival*) goddag *[gōōddahg]*; (*on leaving*) adjö *[a-yur]*; **this afternoon** i eftermiddag *[ee]*

aftershave rakvatten *[rahkvatten]*

after sun cream solkräm *[sōōlkraim]*

afterwards efteråt *[efterawt]*

again igen *[ee-yenn]*

against mot *[mōōt]*

age ålder(n) *[awlder]*; **not at my age!** inte vid min ålder *[inteh veed meen]*; **it takes ages** det tar evigheter *[day tahr ayvighayter]*; **I haven't been here for ages** jag har inte varit här på evigheter *[yah hahr inteh vahrit hair paw]*

agency en agentur *[ah-yentœr]*

aggressive aggressiv *[aggresseev]*

ago: a year ago för ett år sedan *[furr ett awr sayn]*; **two days ago** för två dagar sedan *[tvaw dahgar]*; **it wasn't long ago** det var inte länge sedan *[day vahr inteh lengeh]*

agony: it's agony det gör hemskt ont *[day yurr hemskt ōōnt]*

agree: do you agree? tycker du det också? *[tücker dœ day ocksaw]*; **I agree** det tycker jag också *[yah]*; **I don't agree** det tycker jag inte *[inteh]*; **gravlax doesn't agree with me** jag tål inte gravlax *[yah tawl inteh grahvlaks]*

AIDS Aids

air luft(en) *[looft]*; **by air** med flyg *[flüg]*

air-conditioning luftkonditionering(en) *[lœft-kondishōōnayring]*

air hostess flygvärdinna(n) *[flügvairdinna]*

airmail: by airmail med flygpost *[flügpost]*

airmail envelope ett flygpostkuvert *[flügpost-kœvair]*

airplane flygplan(et) *[flügplahn]*

airport flygplats(en) *[flügplats]*

airport bus flygplatsbuss(en) *[flügplatsbooss]*

airport tax flygplatsskatt(en) *[flügplats-skatt]*

alarm larm(et)

alarm clock väckarklocka(n) *[veckarklocka]*

alcohol alkohol(en) *[alkohawl]*

alcoholic: is it alcoholic? innehåller det alkohol? *[inneh-hawler day alkohawl]*; **he is an alcoholic** han är alkoholist

alive levande *[layvandeh]*; **is he still alive?** lever han ännu? *[layver han ennœ]*

all: all the hotels alla hotellen *[alla hōōtellen]*; **all my friends** alla mina vänner *[meena venner]*; **all my money** alla mina pengar; **all of it** allihop *[alleehōōp]*, **all of them** allihop *[alleehōōp]*; **all right** OK; **I'm all right** (*nothing wrong*) det är ingen fara med mig *[day ay ingen fahra med may]*; **that's all** det är allt; **it's all changed** allt har ändrat sig *[hahr endrat say]*; **thank you — not at all** tack så mycket — ingen orsak *[tack saw mückeh – ingen ōōrshahk]*

allergic: I'm allergic to ... jag är allergisk mot ... *[yah ay allairgisk mōōt]*

allergy en allergi *[allairgee]*

all-inclusive med allt inberäknat *[inbereknat]*

allowed tillåtet *[tillawtet]*; **is it allowed?** är det tillåtet? *[ay day]*; **I'm not allowed to eat salt** jag får inte äta salt *[yah fawr inteh aita salt]*

almost nästan *[nestan]*

alone ensam *[aynssam]*; **are you alone?** är du ensam? *[ay dœ]*; **leave me alone** låt mig vara i fred *[lawt may vahra ee frayd]*

already redan *[raydan]*

also också *[ocksaw]*

alteration en ändring *[endring]*

alternative: is there an alternative? finns det något alternativ? *[finss day nawgot altairnateev]*; **we had no alternative** vi hade inget val *[vee hadeh inget vahl]*

alternator en växelströmsgenerator *[vekselsturmss-yaynerahtor]*

although fastän *[fasst-en]*

altogether allt som allt; **what does that come to altogether?** vad kostar det allt som allt? *[vah kostar day]*

a.m. f.m.; **at 8 a.m.** klockan 8 på morgonen *[paw morronen]*

amazing (*surprising*) häpnadsväckande *[haipnads-veckandeh]*; (*very good*) fantastisk

ambassador ambassadör(en) *[ambas-*

sadurr]
ambulance ambulans(en) *[amboo-lanss]*; **get an ambulance!** skaffa en ambulans! *[ayn]*
America Amerika *[amayreeka]*
American amerikansk; *(man)* en amerikan *[—kahn]*; *(woman)* en amerikanska *[—kahnska]*; **the Americans** amerikanerna *[—kahnerna]*
among bland
amp: a 13-amp fuse en 13-amp. säkring *[saikring]*
an(a)esthetic narkos(en) *[nahrkawss]*
ancestor en förfader *[furrfahder]*
anchor ett ankare *[ankareh]*
anchovies ansjovis *[anshooveess]*
ancient gammal
and och *[ock, aw]*
angina angina *[ang-yeena]*
angry arg *[ar-y]*; **I'm very angry about it** jag är mycket arg för det *[yah ay mückeh ar-y furr day]*; **please don't be angry** snälla du, bli inte arg *[snella doo blee inteh]*
animal ett djur *[yoor]*
ankle vrist(en)
anniversary: it's our (wedding) anniversary today vi firar vår bröllopsdag idag *[vee feerar vawr brurllopsdahg eedahg]*
annoy: he's annoying me han förargar mig *[han furr-aryar may]*; **it's so annoying** det är så förargligt *[day ay saw furrar-y-ligt]*
anorak en vindjacka *[vindyacka]*
another *(different)* en annan; *(extra)* en ... till; **can we have another room?** kan vi få ett annat rum? *[kan vee faw ett annat room]*; **another bottle, please** en flaska till, tack *[ayn flaska]*; **another one please** en/ett till tack
answer svar(et) *[svahr]*; **there was no answer** det kom inget svar *[day kom inget]*; *(phone)* det var ingen som svarade *[day vahr ingen som svahradeh]*; **what was his answer?** vad svarade han? *[vah]*
ant: ants myror *[müroor]*
antibiotics antibiotika(n) *[antee-bee-awteeka]*
anticlimax en antiklimax *[antee-kleemax]*
antifreeze frostskyddsvätska(n) *[frost-shüddss-vetska]*

anti-histamine antihistamin(et) *[antee-histameen]*
antique: is it an antique? är den antik? *[ay den anteek]*
antique shop en antikvitetsaffär *[antikvitayts-affair]*
antisocial: don't be antisocial var inte osällskaplig *[vahr inteh oosellskahplig]*
any: have you got any rolls/milk? har du några bullar/någon mjölk? *[hahr doo nawgra boollar/nawgon mee-urlk]*; **I haven't got any** jag har inga/ingen *[yah hahr inga/ingen]*
anybody någon *[nawgon]*; **can anybody help?** kan någon hjälpa till? *[yelpa]*; **there wasn't anybody there** det fanns inte någon där *[day fannss inteh ... dair]*
anything: I don't want anything jag vill inte ha någonting *[yah vill inteh hah nawgonting]*; **don't you have anything else?** har du inte något annat? *[hahr doo inteh nawgot annat]*
apart from utom *[ootom]*
apartment en våning *[vawning]*
aperitif en aperitif *[apairiteef]*
apology en ursäkt *[oorshekt]*; **please accept my apologies** jag måste verkligen be om ursäkt *[yah mawsteh vairkligen bay]*
appalling förfärlig *[furrfairlig]*
appear: it would appear that ... det verkar som om ... *[day vairkar]*
appendicitis blindtarmsinflammation(en) *[blind-tarms-inflammashoon]*
appetite matlust(en) *[mahtloost]*; **I've lost my appetite** jag har ingen matlust *[yah hahr ingen]*
apple ett äpple *[ep-leh]*
apple pie en äppelpaj *[epelpah-y]*
application form en ansöknings-blankett *[ansurknings-blankett]*
appointment *(avtalad)* tid *[(ahvtahlad) teed]*; **I'd like to make an appointment** jag skulle vilja beställa tid *[yah skoolleh vilya bestella]*
appreciate: thank you, I appreciate it hjärtligt tack *[yairtligt]*
approve: she doesn't approve hon tycker inte om det *[hoon tücker inteh om day]*
apricot en aprikos *[apreekooss]*
April april *[apreel]*

aqualung en dykapparat *[dük-apparaht]*

arch(a)eology arkeologi(n) *[ark-ayologee]*

archipelago skärgård(en) *[shairgawrd]*

architect en arkitekt *[arkeetekt]*

Arctic Circle Polcirkel(n) *[pōōl-seerkel]*

are *see page 113*

area: I don't know the area jag känner inte till trakten *[yah chenner inteh till trakten]*

area code riktnumret *[riktnoomret]*

argument en dispyt *[dispüt]*

arm en arm

around *see* **about**

arrangement: will you make the arrangements? kan du ordna det? *[kan dōō awrdna day]*

arrest anhålla *[anhawla]*; **he's been arrested** han har anhållits *[han hahr anhawllits]*

arrival ankomst(en)

arrive: when do we arrive? när kommer vi fram? *[nair kommer vee fram]*; **has my parcel arrived yet?** har mitt paket kommit än? *[hahr mitt packayt kommit enn]*; **let me know as soon as they arrive** säg till mig så snart de kommer *[say till may saw snart dom]*; **we only arrived yesterday** vi kom inte förrän igår *[inteh furren eegawr]*

art konst(en)

art gallery ett konstgalleri *[konst-galleree]*

arthritis ledinflammation(en) *[layd-inflammashōōn]*

artificial konstgjord *[konst-yōōrd]*

artist en konstnär *[konstnair]*

as: as fast as you can så fort du kan *[saw fōōrt dōō kan]*; **as much as you can** så mycket du kan *[saw mückeh]*; **as you like** som du vill; **as it's getting late** eftersom det börjar bli sent *[eftershom day burr-yar blee saynt]*

ashore: to go ashore gå iland *[gaw eeland]*

ashtray en askkopp

aside from utom *[ōōtom]*

ask fråga *[frawga]*; **that's not what I asked for** det var inte det jag bad om *[day vahr inteh day yah bahd]*;

could you ask him to phone me back? kan du be honom ringa mig igen? *[kan dōō bay honom ringa may ee-yenn]*

asleep: he's still asleep han sover fortfarande *[han sawver fōōrt-fahrandeh]*

asparagus sparris(en) *[sparreess]*

aspirin en huvudvärkstablett *[hœvoodvairks-tablet]*

assault: she's been assaulted hon har blivit överfallen *[hōōn hahr bleevit urverfallen]*; **indecent assault** ett våldtäktsförsök *[vawldtekts-furrshurk]*

assistant *(helper)* en medhjälpare *[med-yelpareh]*; *(in shop)* ett biträde *[beetraydeh]*

assume: I assume that ... jag antar att ... *[yah antahr]*

asthma astma

astonishing häpnadsväckande *[haipnads-veckandeh]*

at: at the café på kaféet *[paw kaffay-et]*; **at the hotel** på hotellet *[hōōtellet]*; **at his party** på hans fest; **at the station** på stationen *[stashōōnen]*; **at 8 o'clock** klockan 8; **see you at dinner** vi ses till middagen *[vee sayss till middahgen]*

Atlantic Atlanten

atmosphere atmosfär(en) *[atmosfair]*

attractive tilldragande *[tilldrahg-andeh]*; **I find you very attractive** jag tycker du är mycket tilldragande *[yah tücker dōō ay mückeh]*

aubergine en äggplanta *[eggplanta]*

auction en auktion *[awkshōōn]*

audience publik(en) *[poobleek]*

August augusti *[agoostee]*

aunt: my aunt *(maternal)* min moster *[meen mōōster]*; *(paternal)* min faster *[faster]*; *(no blood-relative)* tant

au pair en au pair

Aurora Borealis norrsken(et) *[norrshayn]*

Australia Australien *[awstrahlee-en]*

Australian australisk *[awstrahlisk]*; *(man)* en australier *[awstrahlee-er]*; *(woman)* en australiska *[awstrahliska]*; **the Australians** australierna *[awstrahlee-erna]*

Austria Österrike *[urster-reekeh]*

Austrian österrikisk *[urster-reekisk]*

authorities myndigheter(na) *[mündig-hayter]*
automatic automatisk *[awtomahtisk]*; *(car)* automatväxlad *[awtomaht-vekslad]*
automobile en bil *[beel]*
autumn höst(en) *[hurst]*; **in the autumn** på hösten *[paw]*
available: when will it be available? när finns det att få? *[nair finnss day att faw]*; **when will he be available?** när är han anträffbar? *[ay han antreffbahr]*
avenue en allé *[allay]*
average: the average Swede ge-nomsnittssvensken *[yaynomsnitts-svensken]*; **an above average hotel** ett hotell över genomsnittet *[hōōtell urver yaynomsnittet]*; **a below aver-age hotel** ett hotell under ge-nomsnittet *[oonder]*; **the food was only average** maten var medelmåttig *[mahten vahr maydelmottig]*; **on average** i genomsnitt *[ee]*
awake: is she awake yet? har hon vaknat än? *[hahr hōōn vaknat enn]*
away: is it far away? är det långt bort? *[ay day lawngt bawrt]*; **go away!** ge dig iväg! *[yay day eevaig]*
awful hemsk
axle en axel

B

baby en baby
baby-carrier en babylift
babysitter en barnvakt *[bahrnvakt]*; **can you get us a babysitter?** kan du skaffa barnvakt åt oss? *[doo skaffa ... awt]*
bachelor en ungkarl *[oongkahrl]*
back: I've got a bad back jag har då-lig rygg *[yah hahr dawlig rügg]*; **at the back of the bus** *(inside)* längst bak i bussen *[lengst bahk ee boossen]*; *(outside)* bakom bussen *[bahkom boossen]*; **in the back of the car** längst bak i bilen *[beelen]*; *(in back seat)* i baksätet *[bahksaitet]*; **I'll be right back** jag är strax tillbaka *[ya ay strax tillbahka]*; **when do you want it back?** när vill du ha tillbaks det? *[nair vill doo hah tillbahks day]*; **can I have my money back?** kan jag få pengarna tillbaka? *[kan yah faw pengarna]*; **come back!** kom tillbaka!; **I go back home tomorrow** jag åker hem igen imorgon *[yah awker hem ee-yenn eemorron]*; **we'll be back next year** vi kommer till-baka nästa år *[vee ... nesta awr]*; **when is the last bus back?** när går sista bussen tillbaka? *[gawr]*; **he backed into me** han backade rakt in i mig *[han backadeh rahkt in ee may]*
backache ryggont *[rüggōōnt]*
back door bakdörr(en) *[bahkdurr]*
backgammon backgammon
backpack en ryggsäck *[rüggsseck]*
back seat baksäte(t) *[bahksaiteh]*
back street en bakgata *[bahkgahta]*
bacon bacon; **bacon and eggs** ägg och bacon *[egg ok]*
bad dålig *[dawlig]*; **this meat's bad** det här köttet är inte färskt *[day hair churtet ay inteh fairshkt]*; **a bad headache** en svår huvudvärk *[ayn svawr hoovoodvairk]*; **it's not bad** det är inte illa *[illa]*; **too bad!** vad synd! *[vah sünd]*; **he's been badly injured** han har blivit svårt skadad *[han hahr bleeevit svawrt skahdad]*
bag en väska *[veska]*; *(handbag)* handväska; *(carrier bag)* en påse *[pawsseh]*; *(suitcase)* resväska *[rayss-veska]*; **paper bag** papperspåse; **plastic bag** plastpåse
baggage bagage(t) *[bagahsh]*
baggage allowance tillåtet bagage *[tillawtet bagahsh]*
baggage checkroom resgodsinläm-ning(en) *[rayss-gōōds-inlemning]*
baker en bagare *[bahgareh]*; **baker's shop** bageri *[bahgeree]*

balcony balkong(en) *[balkong]*; **a room with a balcony** rum med balkong *[room]*; **on the balcony** på balkongen *[paw]*

bald flintskallig

ball en boll

ballet balett(en) *[ballett]*

ball-point pen en kulspetspenna *[koolspets-penna]*

Baltic Östersjön *[urster-shurn]*

banana en banan *[banahn]*

band ett musikkapell *[moosseek-kapell]*

bandage ett förband *[furrband]*; **could you change the bandage?** kan du byta förbandet? *[kan doo büta]*

bandaid ett plåster *[plawster]*

bank bank(en); **when are the banks open?** när är bankerna öppna? *[nair ay bankerna urppna]*

bank account ett bankkonto

bar *(for drinks)* bar(en); **let's meet in the bar** vi träffas i baren *[vee treffas ee bahren]*; **a bar of chocolate** en chokladkaka *[chooklahdkahka]*

barbecue utegrill(en) *[ooteh-grill]*

barber frisör(en) *[frissurr]*

bargain: it's a real bargain det är verkligen billigt *[day ay vairkligen billigt]*

barmaid barflicka(n)

barman bartender(n)

barrette ett hårspänne *[hawr-spenneh]*

bartender bartender(n)

basic: the hotel is rather basic hotellet är ganska enkelt *[hootellet ay]*; **will you teach me some basic phrases?** vill du lära mig några nybörjarfraser *[vill doo laira may nawgra nüburryar-frahsser]*

basket en korg *[kawr-y]*

bath ett bad *[bahd]*; *(bathtub)* ett badkar *[bahdkahr]*; **can I take a bath?** får jag ta ett bad? *[fawr yah tah]*

bathing badning(en) *[bahdning]*

bathing costume en baddräkt *[bahd-dreckt]*

bathrobe en badkappa

bathroom ett badrum *[bahd-room]*; **a room with a private bathroom** rum med eget badrum *[room med ayget]*; **can I use your bathroom?** får jag använda din toalett? *[fawr yah anvenda deen tooalett]*

bath salts badsalt(et) *[bahdsallt]*

bath towel en badhandduk *[bahd-handdook]*

battery ett batteri *[batteree]*; **the battery's flat** batteriet är urladdat *[ay oorladdat]*

bay vik(en) *[veek]*

be vara *[vahra]*; **be reasonable** var förnuftig *[vahr furrnooftig]*; **don't be lazy** var inte lat *[inteh laht]*; **where have you been?** var har du varit? *[vahr har doo vahrit]*; **I've never been to ...** jag har aldrig varit i ... *[yah hahr aldrig ... ee]; see page 113*

beach strand(en); **on the beach** på stranden *[paw]*; **I'm going to the beach** jag går ner till stranden *[yah gawr nair]*

beach towel en badhandduk *[bahd-handdook]*

beach umbrella ett strandparasoll

beads pärlor(na) *[pairloor]*

beans bönor(na) *[burnoor]*; **runner beans** rosenbönor *[roossen—]*; **broad beans** bondbönor *[boond—]*

bear *(animal)* en björn *[b-yurn]*

beard skägg(et) *[shegg]*

beautiful *(person, day, view)* vacker; *(meal)* härlig *[hairlig]*; **thank you, that's beautiful** tusen tack *[toossen]*; **that was beautiful** det var verkligen gott *[day vahr vairkligen]*

beauty salon skönhetssalong(en) *[shurnhayts-salong]*

because därför att *[dairfurr]*; **because of the weather** på grund av vädret *[paw groond ahv vaidret]*

bed en säng *[seng]*; **single bed/double bed** enkelsäng/dubbelsäng *[doobbel—]*; **you haven't made my bed** du har inte bäddat min säng *[doo hahr inteh beddat meen]*; **I'm going to bed** jag ska gå och lägga mig *[yah ska gaw ok legga may]*; **he's still in bed** han ligger ännu *[ennoo]*

bed and breakfast rum inklusive frukost *[room inkloosseeveh frookost]*

bedclothes sängkläder *[sengklaider]*

bed linen sänglinne(t) *[senglinneh]*

bedroom ett sovrum *[sawvroom]*

bee ett bi *[bee]*

beef oxkött(et) *[oox-churt]*

beer öl(et) *[url]*; **two beers, please** två öl, tack *[tvaw]*; **I'd like a low-**

strength/medium-strength/strong beer jag skulle vilja ha en lättöl/folköl/starköl *[yah skoolleh vilya hah ayn lett-url/stark-url]*

beer cellar en ölstuga *[urlsstœga]*

beer mug ölstop(et) *[urlsstōōp]*

before före *[furreh]*; **before breakfast** före frukost *[frookost]*; **before I leave** innan jag åker *[yah awker]*; **I haven't been here before** jag har inte varit här förut *[yah hahr inteh vahrit hair furrœt]*

begin börja *[burr-ya]*; **when does it begin?** när börjar det? *[nair bur-yar day]*

beginner nybörjare(n) *[nüburr-yareh]*; **I'm just a beginner** jag är nybörjare *[yah ay]*

beginner's slope nybörjarbacke(n) *[nüburr-yar-backeh]*

beginning början *[burr-yan]*; **at the beginning** i början *[ee]*

behaviour uppförande(t) *[oopp-furrandeh]*

behind bakom *[bahkom]*; **the driver behind me** föraren bakom mig *[furraren ... may]*

beige beige *[baysh]*

Belgian belgisk; *(man)* en belgier *[bel-gee-er]*; *(woman)* en belgiska

Belgium Belgien *[bel-gee-en]*

believe: I don't believe you jag tror dig inte *[yah trōōr day inteh]*; **I believe you** jag tror dig; **I don't believe it!** jag har då aldrig sett på maken *[yah hahr daw aldrig sett paw mahken]*

bell klocka(n)

belly-flop ett magplask *[mahgplask]*

belong: that belongs to me det tillhör mig *[day tillhurr may]*; **who does this belong to?** vem tillhör detta?

belongings: all my belongings alla mina ägodelar *[alla meena aigaw-daylar]*

below nedanför *[naydanfurr]*; **below the knee** nedanför knät *[k-nait]*; **below zero** under noll *[oonder]*

belt bälte(t) *[belteh]*

bend kurva(n) *[koorva]*

berries bär(en) *[bair]*

berth en koj *[kaw-y]*

beside: beside the church bredvid kyrkan *[braydveed chürkan]*; **sit be-**

side me sitt bredvid mig *[may]*

besides: besides that dessutom *[dessœtom]*

best bäst *[best]*; **the best hotel in town** bästa hotellet i stan *[besta hootellet ee stänn]*; **that's the best meal I've ever had** det var den bästa måltid jag någonsin ätit *[day vahr dayn besta mawlteed yah nawgonseen aitit]*

bet: I bet you 50 kronor jag slår vad om 50 kronor *[yah slawr vah]*

better bättre *[battreh]*; **that's better** det var bättre *[day vahr]*; **are you feeling better?** känner du dig bättre? *[chenner dœ day]*; **I'm feeling a lot better** jag känner mig mycket bättre *[yah ... may mückeh]*; **I'd better be going now** det är bäst att jag går nu *[day ay best att yah gawr nœ]*

between mellan

beyond bortom *[bawrtom]*; **beyond the mountains** bortom bergen *[bairyen]*

bicycle en cykel *[sükel]*; **can we rent bicycles here?** kan man hyra cyklar här? *[hüra süklar hair]*

bidet bidé(n) *[beeday]*

big stor *[stōōr]*; **a big one** en stor; **that's too big** den är för stor *[dayn ay furr]*; **it's not big enough** den är inte stor tillräckligt *[inteh stōōr tillreckligt]*

bigger större *[sturreh]*

bike en cykel *[sükel]*; *(motorbike)* en motorcykel *[mōōtōōrsükel]*

bikini en bikini

bill räkning(en) *[raikning]*; **could I have the bill, please?** kan jag få räkningen? *[kan yah faw]*

billfold en plånbok *[plawnbōōk]*

billiards biljard *[bil-yahrd]*

binding *(on ski)* bindning(en) *[binndning]*

bingo bingo

birch en björk *[b-yurk]*

bird en fågel *[fawgel]*

biro *(tm)* en kulspetspena *[kœlspets-penna]*

birthday födelsedag(en) *[furdelseh-dahg]*; **it's my birthday** jag fyller år idag *[yah füller awr eedahg]*; **when's your birthday?** när fyller du år?

[nair füller dœ awr]; **happy birthday!**
har den äran! *[hahr dayn airan]*
biscuit ett kex
bit: just a little bit for me bara litet
grann för mig *[bahra leeteh grann
furr may]*; **a big bit** en stor bit *[ayn
stōōr beet]*; **a bit of that cake** en bit
av den kakan *[ahv dayn kahkan]*; **it's
a bit too big for me** den är litet för
stor för mig *[ay]*; **it's a bit cold to-
day** det är litet kallt idag *[eedang]*
bite (*by flea, dog*) ett bett; **I've been
bitten** (*by insect*) jag har blivit
stucken *[yah hahr bleevit stoocken]*;
do you have something for bites?
har du något mot insektstick? *[hahr
dœ nawgot mōōt]*
bitter (*taste*) besk
bitter lemon en Bitter Lemon
black svart
black and white (*photo*) svartvitt
Black Forest gateau Schwarzwald-
tårta *[tawrta]*
blackout: he's had a blackout han
fick en blackout *[ayn]*
bladder urinblåsa(n) *[œreenblawssa]*
blanket filt(en); **I'd like another
blanket** kan jag få en filt till *[kan
yah faw ayn]*
blast! jäklar! *[yaiklar]*
blazer en blazer
bleach (*for hair, clothes*) ett blekmedel
[blaykmaydel]; (*for toilet etc*) rengö-
ringsmedel *[raynyurrings-maydel]*
bleed blöda *[blurda]*; **he's bleeding**
han blöder
bless: bless you! prosit!
blind (*cannot see*) blind *[blinnd]*
blinds rullgardin(er) *[rooll-gahrdeen]*
blind spot (*driving*) döda vinkeln
[durda]
blister en blåsa *[blawssa]*
blizzard en snöstorm *[snurstorm]*
block: block of flats ett hyreshus
[hüress-hœss]
blocked (*pipe*) igentäppt *[ee-yenn-
teppt]*; (*road*) spärrad *[sperrad]*
blond blond
blonde en blondin *[blondeen]*
blood blod(et) *[blōōd]*; **his blood
group is ...** hans blodgrupp är ...
[hanss blōōdgroopp ay]; **I have high
blood pressure** jag har högt blod-
tryck *[yah hahr hurgt blōōd-trük]*

bloody Mary en Bloody Mary
blouse en blus *[blœss]*
blow-dry föning *[furning]*
blue blå *[blaw]*
blusher rouge *[rōōsh]*
board: full board helpension *[hayl-
pangshoon]*; **half board** halvpension
boarding house ett pensionat
[pangshoonaht]
boarding pass påstigningsbiljett(en)
[pawsteegnings-bilyet]
boat en båt *[bawt]*
boat trip en båtresa *[bawt-rayssa]*; **a
boat trip down the Göta Canal** en
båtresa nedför Göta Kanal *[naydfur
yurta kanahl]*
body kropp(en)
boil (*on skin*) en böld *[burld]*; **to boil
the water** koka vattnet *[kōōka]*
boiled egg ett kokt ägg *[kōōkt egg]*
boiling hot kokhett *[kōōkhett]*
bomb en bomb
bone ett ben *[bayn]*
bonnet motorhuv(en) *[mōōtōōrhœv]*
book en bok *[bōōk]*; (*verb*) boka; **I'd
like to book a table for two** jag vill
boka ett bord för två *[yah ... bōōrd
furr tvaw]*
bookshop, bookstore en bokhandel
[bōōkhandel]
boot en stövel *[sturvel]*; (*car*) bagage-
utrymme(t) *[bagahsh-œtrümmeh]*
booze sprit(en) *[spreet]*; **I had too
much booze** jag har druckit för
mycket *[yar hahr droockit furr
mückeh]*
border (*of country*) gräns(en) *[grenss]*
border crossing gränsövergång(en)
[grenss-urvergawng]
bored: I'm bored jag är uttråkad *[yah
ay œt-trawkad]*
boring långtråkig *[lawng-trawkig]*
born: I was born in (*year*) ... jag
föddes ... *[yah furdess]*; (*place*) jag
föddes i ... *[ee]*
borrow: may I borrow ...? får jag
låna ...? *[fawr yah lawna]*
boss chef(en) *[shayf]*
both båda *[bawda]*; **I'll take both of
them** jag tar båda två *[yah tahr
bawda tvaw]*; **we'll both come** vi
kommer båda två *[vee]*
bother: sorry to bother you förlåt att
vi besvärar *[furrlawt att vee*

besvairar]; **it's no bother** det är inget besvär *[day ay inget besvair]*; **it's such a bother** det är ett sånt besvär *[sawnt]*
bottle en flaska; **a bottle of wine** en flaska vin *[veen]*
bottle-opener en flasköppnare *[flask-urppnareh]*
bottom botten; *(of person)* bakdel(en) *[bahkdayl]*; **at the bottom of the hill** vid bergets fot *[veed bair-yets fōōt]*
bottom gear lägsta växeln *[laigsta vekseln]*
bouncer en utkastare *[ōōt-kastareh]*
bow *(of ship)* för(en) *[furr]*
bowels inälvor(na) *[inelvōōr]*
bowling bowling
bowls *(game)* boule *[bōōl]*
box en låda *[lawda]*
box lunch matsäck(en) *[mahtseck]*
box office biljettlucka(n) *[bilyett-loocka]*
boy en pojke *[poy-keh]*
boyfriend: my boyfriend min pojkvän *[meen poyk-venn]*
bra en behå *[bay-haw]*
bracelet ett armband
brake broms(en) *[brawmss]*; **there's something wrong with the brakes** det är något fel på bromsen *[day ay nawgot fayl paw brawmssen]*; **can you check the brakes?** kan du kolla bromsen? *[dōō]*; **I had to brake suddenly** jag var tvungen att tvärbromsa *[yah vahr tvoongen att tvairbrawmssa]*
brake fluid bromsvätska(n) *[brawmss-vetska]*
brake lining bromsbelägg(et) *[brawmss-belegg]*
brandy konjak(en) *[kawn-yack]*
brave modig *[mōōdig]*
bread bröd(et) *[brurd]*; **could we have some bread and butter?** kan vi få litet smör och bröd? *[kan vee faw leeteh smurr ok]*; **some more bread, please** litet mer bröd, tack *[mayr]*; **white bread** ett formfranska *[fawrm-franska]*; **brown bread** grahamsbröd(et) *[grah-hams—]*; **wholemeal bread** fullkornsbröd(et) *[foollkōōrns—]*; **rye bread** rågbröd(et) *[rawg—]*
break bryta *[brüta]*; **I think I've bro-**

ken my ankle jag tror jag har brutit fotleden *[yah trōōr yah hahr brøtit fōōtlayden]*; **it keeps breaking** det går sönder ideligen *[day gawr surnder eedeligen]*
breakdown motorstopp(et) *[mōō-tōōr—]*; **I've had a breakdown** jag fick motorstopp *[yah]*; **nervous breakdown** nervsammanbrott(et)
breakfast frukost(en) *[frookost]*; **English/full breakfast** lagad frukost *[lahgad]*; **continental breakfast** lätt frukost *[lett]*
break in: somebody's broken in någon har gjort inbrott *[nawgon hahr yōōrt inbrott]*
breast bröst(et) *[brurst]*
breast-feed amma
breath anda(n); **out of breath** andfådd *[andfodd]*
breathe andas; **I can't breathe** jag kan inte andas *[yah kan inteh]*
breathtaking hisnande *[hissnandeh]*
breeze bris(en) *[breess]*
breezy blåsig *[blawssig]*
bride brud(en) *[brōōd]*
bridegroom brudgum(men) *[brōōd-goom]*
bridge bro(n) *[brōō]*; *(card game)* bridge
brief kortfattad *[kawrtfattad]*
briefcase portfölj(en) *[pawrt-furl-y]*
bright *(light etc)* ljus *[yōōss]*; **bright red** klarröd *[klahr-rurd]*
brilliant lysande *[lüssandeh]*
bring ta med *[tah]*; **could you bring it to my hotel?** kan du ta med det till mitt hotell? *[kan dōō tah med day ... hōōtell]*; **I'll bring it back** jag tar med det tillbaka *[yah tahr med day tillbahka]*; **can I bring a friend too?** får jag ta med en god vän också? *[fawr yah tah med ayn gōōd venn ocksaw]*
Britain Storbritannien *[stōōrbritahnee-en]*
British brittisk; **the British** britterna
brochure en broschyr *[broshür]*; **do you have any brochures on ...?** har du några broschyrer om ...? *[hahr dōō nawgra]*
broke: I'm broke jag är pank *[yah ay]*
broken sönder *[surnder]*; **you've broken it** du har gjort sönder den *[dōō*

hahr yōort ... dayn]; **it's broken** den
är sönder *[ay]*; **broken nose** en
sönderbruten näsa *[ayn surnder-brōoten naissa]*
brooch en brosch *[brawsh]*
brother: my brother min bror *[meen brōor]*
brother-in-law: my brother-in-law
min svåger *[meen svawger]*
brown brun *[brœn]*; **I don't go brown**
jag blir inte solbrand *[yah bleer inteh sōolbrend]*
brown paper ett omslagspapper
browse: may I just browse around?
går det bra om jag ser mig omkring
[gawr day brah om yah sayr may omkring]
bruise ett blåmärke *[blaw-mairkeh]*
brunette en brunett
brush (*hair*) en borste *[bawrshteh]*;
(*painting*) en pensel
Brussels sprouts brysselkål(en)
[brüssel-kawl]
bubble bath bubbelbad(et) *[boobbel-bahd]*
bucket en hink
buffet byffé(n) *[büffay]*
bug (*insect*) insekt(en); **she's caught a
bug** hon har smittats av en bacill
[hōon hahr smittats ahv ayn baseell]
building en byggnad *[büggnad]*
bulb en glödlampa *[glurd-lampa]*; **we
need a new bulb** vi behöver en ny
glödlampa *[vee behurver ayn nü]*
bump: I bumped my head jag slog i
huvudet *[yah slōog ee hœvoodet]*
bumper stötfångare(n) *[sturt-fawngareh]*
bumpy gropig *[grōopig]*
bunch of flowers en blombukett
[blōombœkett]
bungalow en enplansvilla *[aynplahnss-villa]*
bunion en fotknöl *[fōot-knurl]*
bunk en sovbrits *[sawvbreets]*
bunk beds en våningssäng *[vawnings-seng]*
buoy en boj *[baw-y]*
bureau de change växelkontor(et)
[vexelkawntōor]
burglar en inbrottstjuv *[inbrotts-chœv]*
**burn: do you have an ointment for
burns?** har du salva för brännsår?
[hahr dœ salva furr brenn-sawr]

burnt: this meat is burnt det här
köttet är bränt *[day hair churtet ay
brent]*; **my arms are so burnt** mina
armar är så brända *[meena armar ay
saw brenda]*
burst: a burst pipe ett sönder-
sprucket rör *[surnder-sprooket rurr]*
bus buss(en) *[booss]*; **is this the bus
for ...?** går den här bussen till ...?
*[gawr den hair bussen till ...?
[gawr dayn hair boossen]*; **when's the
next bus?** när går nästa tur? *[nair
gawr nesta tœr]*
bus driver en busschaufför *[booss-
shawfurr]*
business affärer *[affairer]*; **I'm here
on business** jag är här i affärer *[yah
ay hair ee]*
businessman en affärsman *[affairsh-
man]*
businesswoman en affärskvinna
[affairshkvinna]
bus station buss-station(en) *[booss-
stashōon]*
bus stop busshållplats(en) *[booss-
hawllplats]*; **will you tell me which
bus stop I get off at?** kan du tala
om vid vilken hållplats jag ska gå
av? *[kan dœ tahla om veed vilken
hawllplats yah ska gaw ahv]*
bust byst(en) *[büst]*
bus tour en busstur *[booss-tœr]*
busy (*town etc*) livlig *[leevlig]*; **I'm busy
this evening** jag är upptagen i kväll
[yah ay ōopptahgen ee kvell]; **the line
was busy** linjen var upptagen *[leen-
yen vahr]*
but men; **not ... but ...** inte ... utan ...
[inteh ... œtan]
butcher slaktare(n) *[slaktareh]*; (*shop*)
charkuteri(et) *[sharkootairee]*
butter smör(et) *[smurr]*
butterfly en fjäril *[f-yairril]*
button en knapp *[k-napp]*
buy: I'll buy it jag köper den *[yah
churper dayn]*; **where can I buy ...?**
var kan man köpa ...? *[vahr kan man
churpa]*
by: by train/car/plane med tåg/bil/flyg
[tawg/beel/flüg]; **who's it written by?**
vem har skrivit den? *[vem hahr
skreevit dayn]*; **it's by Berwald** det är
av Berwald *[day ay ahv]*; **I came by
myself** jag kom ensam *[yah kom
aynssam]*; **a seat by the window** en

sittplats vid fönstret *[ayn ... veed furnstret]*; **by the sea** vid havet *[hahvet]*; **can you do it by Wednesday?** hinner du det före onsdag? *[hinner doo day furreh ōōnssdahg]*
bye-bye hej då! *[hay daw]*
bypass omfartsled(en) *[omfahrts-layd]*

C

cab en taxi *[taksee]*
caberet en kabaré *[kabaray]*
cabbage kål(en) *[kawl]*
cabin en hytt *[hütt]*
cable en kabel *[kahbel]*; (*telegram*) ett telegram
cablecar en linbanekorg *[leenbahneh-kawr-y]*
café ett kafé *[kaffay]*
caffeine koffein(et) *[koffeh-een]*
cake en kaka *[kahka]*; **a piece of cake** en kakbit *[kahk-beet]*
calculator en fickräknare *[fick-recknareh]*
calendar en kalender
call: what is this called? vad heter det här? *[vah hayter day hair]*; **call the police!** tillkalla polisen! *[pōōleessen]*; **call the manager!** tillkalla föreståndaren! *[furreh-stawndaren]*; **I'd like to make a call to England** jag skulle vilja ringa ett samtal till England *[yah skoolleh vilya ringa ett samtahl]*; **I'll call back later** (*come back*) jag kommer tillbaka senare *[yah kommer tillbahka saynareh]*; (*phone back*) jag ringer igen senare *[yah ringer ee-yenn]*; **I'm expecting a call from London** jag väntar på samtal från London *[yah ventar paw ... frawn lawndon]*; **would you give me a call at 7.30 tomorrow morning?** kan jag få väckning klockan 7.30 i morgon bitti? *[kan yah faw veckning klockan 7.30 ee morron bittee]*; **it's been called off** det har inställts *[day hahr instellts]*
call box en telefonkiosk *[telefawn-cheeosk]*
calm lugn *[loong-n]*; **calm down!** lugna dig! *[loong-na day]*

Calor gas (*tm*) butangas(en) *[bootahn-gahss]*
calories kalorier *[kaloree-er]*
camera en kamera *[kahmayra]*
camp tälta *[telta]*; **is there somewhere we can camp?** finns det någonstans där vi kan tälta? *[finss day nawgonstanss dair vee]*; **can we camp here?** får vi tälta här? *[fawr ... hair]*
campbed en tältsäng *[teltseng]*
camping camping
campsite en campingplats
can en burk *[boork]*; **a can of beer** en burk öl *[url]*
can kan; **can I ...?** får jag ...? *[fawr yah]*; **can you ...?** kan du ...? *[kan doo]*; **can he ...?** kan han ...? **can we ...?** kan vi ...? *[vee]*; **can they ...?** kan de ...? *[dom]*; **I can't** jag kan inte *[inteh]*; **he can't** han kan inte; **can I keep it?** får jag behålla det? *[fawr yah behawlla day]*; **if I can** om jag kan; **that can't be right** det kan inte vara rätt *[vahra rett]*
Canada Kanada
Canadian (*adjective*) kanadensisk *[kanahdenssisk]*; (*man*) en kanadensare *[kanahdensareh]*; (*woman*) en kanadensiska; **the Canadians** kanadensarna *[kanahdensarna]*
canal en kanal *[kanahl]*
cancel avbeställa *[ahvbestella]*; **can I cancel my reservation?** kan jag avbeställa min bokning? *[kan yah ahvbestella meen bōōkning]*; **can we cancel dinner for tonight?** kan vi inställa middagen ikväll? *[kan vee instella middahgen eekvell]*; **I cancelled it** jag har avbeställt det *[yah hahr ... day]*
cancellation avbeställning *[ahv-bestellning]*

candle ett stearinljus *[stayareen-yœss]*

candlestick en ljusstake *[yœss-stahkeh]*

candy godis(et) *[gōōdeess]*; **a piece of candy** en karamell *[kahramell]*

canoe en kanot *[kanōōt]*

can-opener en konservöppnare *[kawnssairv-urppnareh]*

cap (*hat*) en mössa *[murssa]*; (*on bottle*) kapsyl (en) *[kapsül]*; (*on radiator*) kylarlock(et) *[chülarlock]*; **bathing cap** en badmössa *[bahdmurssa]*

capital city huvudstad(en) *[hœvood-stahd]*

capital letters versaler *[vairssahler]*

capsize: it capsized den kantrade *[dayn kantradeh]*

captain kapten(en) *[kaptayn]*

car en bil *[beel]*

carafe en karaff

carat karat *[karaht]*; **is it 18 carat gold?** är det 18 karat guld? *[ay day ... goold]*

caravan en husvagn *[hœss-vang-n]*

caravan site en campingplats

carbonated kolsyrad *[kawl-sürad]*

carburet(t)or förgasare(n) *[furr-gahssareh]*

card ett kort *[kōōrt]*; **do you have a (business) card?** har du något (adress)kort? *[hahr dœ nawgot (adress-)kōōrt]*

cardboard box en pappkartong *[papp-kahrtong]*

cardigan en kofta *[kawfta]*

cards kort *[kōōrt]*; **do you play cards?** spelar du kort? *[spaylar dœ]*

care: goodbye, take care adjö, sköt om dig *[a-yur shurt om day]*; **will you take care of this bag for me?** kan du ta hand om den här väskan åt mig? *[dœ ... dayn hair veskan awt may]*; **care of** c/o

careful: be careful var försiktig *[vahr furrshiktig]*

careless vårdslös *[vawrdss-lurss]*; **that was careless of you** det var vårdslöst gjort *[day vahr ... yōōrt]*

careless driving vårdslöshet i trafik *[vawrdss-lurss-hayt ee trafeek]*

car ferry en bilfärja *[beelfair-ya]*

car hire biluthyrning(en) *[beel-œt-hürning]*

car keys bilnycklar(na) *[beel-nücklar]*

carnation en nejlika *[nayleeka]*

carnival en karneval *[karnevahl]*

car park bilparkering(en) *[beel-pahrkayring]*

carpet matta(n)

car rental biluthyrning(en) *[beel-œt-hürning]*

carrot en morot *[mōōrōōt]*

carry bära *[baira]*; **could you carry this for me?** vill du bära det här åt mig? *[vill dœ ... day hah awt may]*

carry-all en bag

carry-cot en babylift

carry-on: what a carry-on! vilket tilltag! *[tilltahg]*

car-sick: I get car-sick jag blir bilsjuk *[yah bleer beel-shœk]*

carton ett packet *[pakayt]*; **a carton of milk** ett paket mjölk *[mee-urlk]*

carving (*wood*) snideri(et) *[sneederee]*

carwash biltvätt(en) *[beel-tvett]*

case (*suitcase*) en resväska *[rayss-veska]*; **in any case** hursomhelst *[hœrsomhelst]*; **in that case** i så fall *[ee saw fall]*; **it's a special case** det är ett särskilt fall *[day ay ett sair-shilt]*; **in case he comes back** ifall han komer tillbaka *[eefall han kommer tillbahka]*; **I'll take two just in case** jag tar två för alla eventualiteter *[yah tahr tvaw furr alla ayventualitayter]*

cash kontanter *[kawntanter]*; **I don't have any cash** jag har inga kontanter *[yah hahr inga]*; **I'll pay cash** jag betalar kontant *[yah betahlar kawntant]*; **will you cash a cheque for me?** kan du lösa in en check åt mig? *[kan dœ lurssa in ayn check awt may]*

cashdesk kassa(n)

cash dispenser en växelautomat *[vekssel-awtomaht]*

cash register kassaapparat(en) *[kassa-apparaht]*

casino ett kasino

cassette en kassett

cassette player en kassettbandspelare *[kassett-bandsspaylareh]*

cassette recorder en kassettbandspelare *[kassett-bandsspaylareh]*

castle ett slott

casual: casual clothes fritidskläder *[freeteeds-klaider]*

cat en katt

catastrophe en katastrof *[katastrawf]*

catch: the catch has broken låset är sönder *[lawsset ay surnder]*; **where do we catch the bus?** varifrån går bussen? *[vahreefrawn gawr boossen]*; **he's caught some strange illness** han har fått någon konstig sjukdom *[han hahr fawt nawgon kawnstig shœkdōōm]*

catching smittsam *[smittssam]*; **is it catching?** smittar det? *[smittar day]*

cathedral en domkyrka *[dōōm-chürka]*

Catholic (*adjective*) katolsk *[katōōlsk]* **I'm a Catholic** jag är katolik *[yah ay katōōleek]*

cauliflower blomkål(en) *[blōōmkawl]*

cause orsak(en) *[ōōrshahk]*

cave en grotta

caviar kaviar(en) *[kavee-ahr]*

ceiling tak(et) *[tahk]*

celebrations firande(t) *[feerandeh]*

celery blekselleri(n) *[blaykselleree]*

cellophane cellofan(en) *[sellofahn]*

cemetery en kyrkogård *[chürko-gawrd]*

center centrum *[sentroom]*; *see also* **centre**

centigrade Celsius *[selsee-ooss]*; *see page 121*

centimetre, centimeter centimeter *[seenteemayter]; see page 119*

central central *[sentrahl]*; **we'd prefer something more central** vi skulle föredra något mer centralt *[vee skoolleh furreh-drah nawgot mayr]*

central heating centralvärme(n) *[sentrahl-vairmeh]*

central station centralstation(en) *[sentrahl-stashōōn]*

centre centrum *[sentroom]*; **how do we get to the centre?** hur kommer man till centrum? *[hœr]*; **in the centre of the town** i stadens centrum *[ee stahnss]*

century århundrade(t) *[awrhoondradeh]*; **in the 19th/20th century** på 1800/1900-talet *[paw ahrtonhoondra/neetonhoondra-tahlet]; see page 118*

ceramics keramik(en) *[chayrameek]*

certain säker *[saiker]*; **are you certain?** är du säker? *[ay dœ]*; **I'm absolutely certain** jag är alldeles säker *[yah ay aldayless]*

certainly ja visst *[yah]*; **certainly not** absolut inte *[absolœt inteh]*

certificate ett intyg *[intüg]*; **birth certificate** ett födelseintyg *[furdelsseh—]*

chain en kedja *[chaydya]*

chair en stol *[stōōl]*

chair lift en stollift *[stōōl-lift]*

chalet en stuga *[stœga]*

chambermaid städerska(n) *[staidershka]*

champagne champagne(n) *[shampany]*

chance chans(en) *[shangs]*; **quite by chance** av en ren tillfällighet *[ahv ayn rayn tillfellighayt]*; **no chance!** inte en chans! *[inteh]*

change (*verb*) växla *[vexla]*; **could you change this into kronor?** kan du växla det här till kronor? *[kan dœ ... day hair till krōōnōōr]*; **I haven't any change** jag har ingen växel *[yah hahr ingen vexel]*; **can you give me change for a 100-kronor note?** kan du växla en hundralapp? *[ayn hoondra-lapp]*; **can I have change for ...?** kan jag få växla den här till ...? *[faw ... dayn]*; **do we have to change (trains)?** måste vi byta (tåg)? *[mawsteh vee büta (tawg)]*; **for a change** för omväxlings skull *[furr omvexlings skool]*; **you haven't changed the sheets** lakanen är inte bytta *[lahkanen ay inteh bütta]*; **the place has changed so much** det har ändrat sig så mycket *[day hahr endrat say saw mückeh]* **do you want to change places with me?** vill du byta plats med mig? *[büta plats med may]*

changeable ombytlig *[ombütlig]*

channel kanal(en) *[kanahl]*; **the English Channel** Engelska Kanalen

chaos kaos(et) *[kah-awss]*

chap kille(n) *[killeh]*; **he's a nice chap** det är en trevlig kille *[day ay ayn trayvlig]*; **the chap at reception** killen i receptionen *[ee rayssepshōōnen]*

chapel ett kapell *[kapell]*

charge avgift(en) *[ahv-yift]*; **is there an extra charge?** tillkommer det extraavgift? *[tillkommer day extra—]*; **what do you charge?** vad är avgiften? *[vah ay]*; **who's in charge here?** vem har ansvaret här? *[vem hahr ansvahret hair]*

charmer: he's a real charmer han är en riktig charmör *[han ay ayn riktig shahrmurr]*

charming (*person*) charmerande *[shahrmayrandeh]*

chart en tabell *[tabell]*

charter flight charterflyg(et) *[chahrter-flug]*

chassis chassi(t) *[shassee]*

cheap billig; **do you have something cheaper?** finns det något billigare? *[finnss day nawgot billigareh]*

cheat: I've been cheated jag har blivit lurad *[yah hahr bleevit lørad]*

check kontrollera *[kontrollayra]*; **will you check?** kan du kontrollera? *[kan dœ]*; **will you check the steering?** vill du vara snäll och kontrollera styrningen *[vill dœ vahra snell ok ... stürningen]*; **I've checked it** jag har kontrollerat det *[yah hahr ... day]*; **we checked in** vi har checkat in *[vee hahr checkat in]*; **we checked out** vi har checkat ut *[œt]*

check (*money*) check(en); **will you take a check?** går det bra med en check? *[gawr day brah med ayn]*

check (*bill*) räkning(en) *[raikning]*; **may I have the check please?** får jag be om räkningen *[fawr yah bay]*

checkbook checkbok(en) *[checkbōōk]*

checked (*shirt etc*) rutig *[rœtig]*

checkers damspel *[dahmspayl]*

check-in incheckning(en)

checkroom effektförvaring(en) *[effekt-furrvahring]*

cheek kind(en) *[chind]*; **what a cheek!** så fräckt! *[saw freckt]*

cheeky fräck *[freck]*

cheerio hej *[hay]*

cheers (*toast*) skål! *[skawl]*; (*thank you*) tack!

cheer up! gaska upp dig! *[opp day]*

cheese ost(en) *[ōōst]*

cheesecake cheesecake

chef köksmästare(n) *[churks-mestareh]*

chemist ett apotek *[apotayk]*

cheque check(en); **will you take a cheque?** går det bra med en check? *[gawr day brah med ayn]*

cheque book checkbok(en) *[check-bōōk]*

cheque card köpkort(et) *[churp-kōōrt]*

cherry ett körsbär *[chursh-bair]*

chess schack *[shack]*

chest bröst(et) *[brurst]*

chewing gum ett tuggummi *[toog-goomee]*

chicken kyckling(en) *[chückling]*

chickenpox vattkoppor *[vattkoppōōr]*

child barn(et) *[bahrn]*

child minder en dagmamma *[dahg-mamma]*

child minding service barnvakts-tjänst *[bahrnvakts-chenst]*

children barn(en); **little children** småbarn *[smaw—]*

children's playground en lekplats *[laykplats]*

children's pool en barnbassäng *[bahrn-basseng]*

children's portion en barnportion *[bahrn-pawrshōōn]*

children's room barnkammare(n) *[bahrn-kammareh]*

chilled (*wine*) kylt *[chült]*; **it's not properly chilled** det är inte ordentligt kylt *[day ay inteh awrdentligt]*

chilly kyligt *[chüligt]*

chimney skorsten(en) *[skawrstayn]*

chin haka(n) *[hahka]*

china porslin(et) *[pōōrshleen]*

chiropodist en fotvårdsspecialist *[fōōtvawrdss-spaysee-alist]*

chocolate choklad(en) *[chōōklahd]*; **a chocolate bar** en chokladkaka *[chōōklahd-kahka]*; **a box of chocolates** en chokladask; **hot chocolate** kakao *[kahka-aw]*

choke (*car*) choke(n)

choose välja *[velya]*; **it's hard to choose** det är svårt att välja *[day ay svawrt]*; **you choose for us** du får välja åt oss *[dœ fawr ... awt]*

chop en kotlett *[kotlett]*; **pork chop/lamb chop** fläskkotlett/lammkotlett *[flesk—]*

Christian name förnamn(et) *[furrnam-n]*

Christmas jul(en) *[yœl]*; **merry Christmas** God Jul *[gōōd yœl]*

Christmas Eve julafton *[yœlafton]*

church kyrka(n) *[chürka]*; **where is the Protestant/Catholic church?** var

ligger den protestantiska/katolska kyrkan? *[vahr ligger dayn protestantiska/katolska]*
cider äppelmust(en) *[eppel-moost]*
cigar en cigarr *[seegarr]*
cigarette en cigarrett *[seegarett]*; tipped/plain cigarettes cigarretter med filter/utan filter *[øtan]*
cine-camera en smalfilmskamera *[smahlfilms-kahmayra]*
cinema en biograf *[bee-ograhf]*; can we go to the cinema? kan vi gå på bio? *[kan vee gaw paw bee-ōō]*
circle en cirkel *[seerkel]*; (theatre) rad *[rahd]*; dress circle första raden *[fursta]*
citizen en medborgare *[medbawr-yareh]*; I'm a British/American citizen jag är brittisk/amerikansk medborgare *[yah ay brittisk/amayrikahnsk]*
city en stad *[stahd]*
city centre, city center stadscentrum *[stahds-sentroom]*
claim anspråk(et) *[ansprawk]*
claim form (insurance) anspråks-blankett(en) *[ansprawks-blankett]*
clarify förtydliga *[furrtüdliga]*
classical klassisk
clean ren *[rayn]*; it's not clean det är inte rent *[day ay inteh raynt]*; may I have some clean sheets? kan jag få rena lakan? *[kan yah faw rayna lahkan]*; our room hasn't been cleaned today vårt rum har inte blivit städat idag *[vawrt room hahr inteh bleevit staidat eedahg]*; can you clean this for me? kan jag få den här rengjord? *[kan yah faw dayn hair raynyōōrd]*
cleaning solution (for contact lenses) rengöringslösning(en) *[raynyurrings-lurssning]*
cleansing cream rengöringskräm(en) *[raynyurrings-kraim]*
clear tydlig *[tüdlig]*; (day) klar *[klahr]*; it's not very clear det är inte särskilt tydligt *[day ay inteh sairshilt]*; OK, that's clear OK, det är tydligt och klart
clever klyftig *[klüftig]*
cliff klippa(n)
climate klimat(et) *[kleemaht]*
climb klättra *[klettra]*; it's a long

climb to the top det är långt att klättra upp till toppen *[day ay lawngt ... oopp till toppen]*; we're going to climb ... vi skall bestiga ... *[vee ska bestooga]*
climber en bergbestigare *[bair-y-besteegareh]*
climbing boots bergbestigarkängor *[bair-y-besteegar-chengōōr]*
clinic klinik(en) *[klineek]*
clips (for skis) spännen *[spennen]*
cloakroom garderob(en) *[gahr-derawb]*; (WC) toalett(en *[tōōalett]*
clock klocka(n)
close nära *[naira]*; is it close? är det nära? *[ay day]*; close to the hotel nära hotellet *[hōōtellet]*; close by i närheten *[ee nairhayten]*
close (verb) stänga *[stenga]*; when do you close? när stänger du? *[nair stenger dø]*
closed stängt *[stengt]*; they were closed det var stängt *[day vahr]*
closet skåp(et) *[skawp]*
cloth (material) tyg(et) *[tüg]*; (rag etc) en trasa *[trahssa]*
clothes kläder(na) *[klaider]*
clothes line klädstreck(et) *[klaidstreck]*
clothes peg, clothes pin en klädnypa *[klaidnüpa]*
cloud ett moln; it's starting to cloud over det börjar mulna *[day burr-yar mølna]*
cloudy mulet *[mølet]*
club en klubb *[kloobb]*
clubhouse klubbhus(et) *[kloobb-hōøss]*
clubs (cards) klöver *[klurver]*
clumsy klumpig *[kloompig]*
clutch (car) koppling(en); the clutch is slipping kopplingen slirar *[sleerar]*
coach en buss *[booss]*
coach party ett bussresesällskap *[booss-raysseh-sellskahp]*
coach trip en bussresa *[booss-rayssa]*
coast kust(en) *[koost]*; at the coast vid kusten *[veed koosten]*
coastguard kustbevakning(en) *[koost—]*
coat (overcoat: for men) en rock; (for women) en kappa; (jacket) en jacka *[yacka]*
coathanger en klädhängare *[klaidhengareh]*

cobbled street en kullerstensgata
[k*oo*llerstaynss-gahta]
cobbler en skomakare [sk*oo*mah-
kareh]; (shop) skomakeri(et)
[sk*oo*mahkairee]
cockroach en kackerlacka
cocktail en cocktail
cocktail bar cocktailbar(en)
cocoa (drink) kakao(n) [kahka-aw]
coconut kokos [k*oo*kos]
cod torsk(en) [tawrshk]
**code: what's the (dialling) code for
...** vad är riktnumret till ... [vah ay
riktnoomret]
coffee kaffe(t) [kaffeh]; **white coffee,
coffee with milk** kaffe med mjölk
[m-yurlk]; **black coffee** svart kaffe
[svahrt]; **two coffees, please** två
kaffe, tack [tvaw]
coin ett mynt [münt]
Coke (tm) en coca-cola
cold kall; **I'm cold** jag fryser [yah
früsser]; **I have a cold** jag är förkyld
[yah ay furrchüld]
coldbox en kyllåda [chül-lawda]
cold cream cold-cream
collapse kollapsa; **he's collapsed** han
har kollapsat
collar krage(en) [krahgeh]
collar bone nyckelben(et) [nückel-
bayn]
colleague en kollega [kollayga]; **my
colleague** min kollega [meen]; **your
colleague** din kollega [deen]
collect (fetch) hämta [hemta]; **I've
come to collect ...** jag har kommit
för att hämta ... [yah hahr kommit
furr]; **I collect ...** (stamps etc) jag
samlar ... [yah samlar]; **I want to
call New York collect** jag vill ringa
ett ba-samtal till New York [yah ville
ringa ett bay-ah samtahl]
collect call ett ba-samtal [bay-ah
samtahl]
college en högskola [hurg-sk*oo*la]
collision en kollision [kollish*oo*n]
cologne eau-de cologne [aw-deh-
kawlawn-y]
colo(u)r en färg [fair-y]; **do you have
any other colours?** har du några
andra färger? [hahr d*oo* nawgra
andra fair-y-er]
colo(u)r film en färgfilm [fair-y-film]
comb en kam [kahm]

come komma; **I come from London**
jag kommer från London [yah
kommer frawn lawndon]; **where do
you come from?** var kommer du
ifrån? [vahr ... d*oo* eefrawn]; **when
are they coming?** när kommer de?
[nair ... dom]; **come here** kom hit
[heet]; **come with me** följ med mig
[furl-y med may]; **come back!** kom
tillbaka! [tillbahka]; **I'll come back
later** jag kommer tillbaka senare
[saynareh]; **come in!** kom in!; **it just
came off** det bara lossnade [day
bahra lossnadeh]; **he's coming on
very well** han artar sig mycket bra
[han ahrtar say mückeh brah]; **it's
coming on nicely** det utvecklar sig
bra [day *oo*tvecklar]; **come on!** kom
nu! [n*oo*]; **do you want to come out
this evening?** vill du gå med ut
ikväll? [vill d*oo* gaw med *oo*t eekvell];
these two pictures didn't come out
det blev inget av de här två korten
[day blayv inget ahv dom hair tvaw
k*oo*rten]; **the money hasn't come
through yet** pengarna har inte
kommit fram än [pengarna hahr
inteh kommit fram enn]
comfortable bekväm [bekvaim]; **the
hotel's not very comfortable** hotellet
är inte särskilt bekvämt [h*oo*tellet ay
inteh sairshilt]
Common Market Europamarknaden
[eh-*oo*r*oo*pa-mahrknaden]
company (firm) ett bolag [b*oo*lahg]
comparison en jämförelse
[yemfurrelsseh]; **there's no compari-
son** det finns ingen jämförelse [day
finnss ingen]
compartment (train) en kupé [k*oo*pay]
compass en kompass [kawmpass]
compensation kompensation(en)
[kompensash*oo*n]
complain klaga [klahga]; **I want to
complain about my room** jag vill
framföra klagomål på mitt rum [yah
vill framfurra klahgomawl paw mitt
room]
complaint ett klagomål [klahgomawl]
complete fullständig [foollstendig]; **the
complete set** hela uppsättningen
[hayla ooppsettningen]; **it's a com-
plete disaster** det är en fullständig
katastrof [day ay ayn foollstendig

katastrawf]

completely fullständigt *[foollstendigt]*

complicated komplicerat *[komplissayrat]*; **it's very complicated** det är mycket komplicerat *[day ay mückeh]*

compliment en komplimang; **my compliments to the chef** får jag gratulera köksmästaren *[fawr yah gratœlayra churksmestaren]*

comprehensive insurance allriskförsäkring *[—furrshaikring]*

compulsory obligatorisk *[obligatawrisk]*

computer en dator *[dahtor]*

concern bekymmer *[bechümmer]*; **we are very concerned** vi är mycket bekymrade *[vee ay mückeh bechümradeh]*

concert en konsert *[konsair]*

concrete betong(en) *[baytong]*

concussion en hjärnskakning *[yairnskakning]*

condenser *(car)* kondensator(n) *[kondensahtōōr]*

condition skick(et) *[shick]*; **it's not in very good condition** den är inte i speciellt bra skick *[dayn ay inteh ee spesee-elt]*

conditioner ett konditioneringsmedel *[kondishōōnayrings-maydel]*

condom en kondom *[kondawm]*

conductor *(train)* konduktör(en) *[kondookturr]*; *(music)* dirigent(en)

conference en konferens *[konfayrenss]*

confirm bekräfta *[bekrefta]*; **can you confirm that?** kan du bekräfta det? *[kan dœ ... day]*

confuse förvirra *[furrvirra]*; **it's very confusing** det är mycket förvirrande *[day ay mückeh furrvirrandeh]*

congratulations! gratulerar! *[gratœlayrar]*

conjunctivitis bindhinnekatarr(en) *[bindhinneh-katarr]*

connecting flight en flygförbindelse *[flügfurrbindelseh]*

connection en förbindelse *[furrbindelseh]*

connoisseur en kännare *[chennareh]*

conscious vid medvetande *[veed medvaytandeh]*

consciousness: he's lost consciousness han har förlorat medvetandet

[han hahr furrlōōrat medvaytandet]

constipation förstoppning(en) *[furrshtoppning]*

consul konsul(n) *[kawnssool]*

consulate ett konsulat *[kawnssoolaht]*

contact kontakta *[kawntakta]*; **how can I contact ...?** hur kommer jag i kontakt med ...? *[hœr kommer yah ee]*; **I'm trying to contact ...** jag försöker få kontakt med ... *[yah furrshurker faw]*

contact lenses kontaktlinser *[kawntakt-linsser]*

continent kontinent(en) *[kawntinent]*; **over here on the continent** här på kontinenten *[hair paw]*

contraceptive ett preventivmedel *[prayventeev-maydel]*

contract ett kontrakt *[kawntrakt]*

convenient lämplig *[lemplig]*

cook laga *[lahga]*; **it's not properly cooked** det är inte genomkokt *[day ay inteh yaynomkōōkt]*; **it's beautifully cooked** det är mycket vällagat *[mückeh vail-lahgat]*; **he's a good cook** han lager god mat *[gōōd maht]*

cooker en spis *[speess]*

cookie ett kex

cool sval *[svahl]*

Copenhagen Köpenhamn *[churpenham-n]*

cords manchesterbyxor(na) *[—büxōōr]*

corduroy manchester

cork en kork

corkscrew en korkskruv *[korkskrœv]*

corn *(on foot)* en liktorn *[leektōōrn]*

corner ett hörn *[hurrn]*; **on the corner** i hörnet *[ee]*; **in the corner** i hörnet; **a corner table** ett hörnbord *[hurrnbōōrd]*

cornflakes majsflingor *[mah-yssflingōōr]*

coronary en hjärtinfarkt *[jairtinfahrkt]*

correct rätt *[rett]*; **please correct me if I make a mistake** rätta mig om jag gör fel *[retta may om yah yurr fayl]*

corridor en korridor *[korreedawr]*

corset en korsett

cosmetics kosmetika(n) *[kosmayteeka]*

cost kosta; **what does it cost?** vad kostar det? *[vah kostar day]*

cot en barnsäng *[bahrn-seng]*

cotton bomull(en) *[bōōmooll]*

cotton buds bomullsspinnar *[boomooll-spinnar]*

cotton wool bomull(en) *[boomooll]*

couch (*sofa*) en dyscha *[düsha]*

couchette liggvagn(en) *[liggvang-n]*

cough hosta(n) *[hoosta]*

cough drops hostdroppar *[hoostdroppar]*

cough medicine hostmedicin(en) *[hoostmaydiseen]*

could: could you ...? skulle du kunna ...? *[skoolleh dœ koona]*; **could I have ...?** kan jag få ...? *[yah faw]*; **I couldn't** (*past tense*) jag kunde inte *[koondeh inteh]*

country land(et); **in the country** (*Sweden etc*) i landet *[ee]*; (*countryside*) på landet *[paw]*

countryside landskap(et) *[landskahp]*

couple (*man and woman*) par(et) *[pahr]*; **a couple of ...** ett par ...

courier reseledare(n) *[raysseh-laydareh]*

course (*of meal*) rätt(en) *[rett]*; **of course** naturligtvis *[natœrligtveess]*

court (*law*) en domstol *[doomstool]*; (*tennis*) en bana *[bahna]*

courtesy bus en gratisbuss *[grahtisbooss]*

cousin: my cousin min kusin *[meen kœsseen]*

cover charge kuvertavgift(en) *[kœvair-ahvyift]*

cow en ko *[koo]*

crab en krabba

cracked: it's cracked den är sprucken *[dayn ay sproocken]*

cracker ett kex

craftshop en hemslöjdsaffär *[hemsluryds-affair]*

cramp (*in leg etc*) kramp

crankshaft vevaxel(n) *[vayv-axel]*

crash en krock; **there's been a crash** det är någon som har krockat *[day ay nawgon som hahr krockat]*

crash course en intensivkurs *[intensseev-koorsh]*

crash helmet en störthjälm *[sturt-yelm]*

crawl (*swimming*) crawl(en)

crazy galen *[gahlen]*

cream (*for food, on milk*) grädde(n) *[greddeh]*; (*for skin*) kräm(en) *[kraim]*; (*adjective: colour*) gräddfärgad *[gredd-fairyad]*

cream cheese kvark

crèche en barnkrubba *[bahrnkroobba]*

credit card ett köpkort *[churpkoort]*

crib (*for baby*) en barnsäng *[bahrnseng]*

crisis en kris *[kreess]*

crisps chips

crockery porslin(et) *[poorshleen]*

crook: he's a crook han är en skojare *[han ay ayn skaw-y-areh]*

crossing (*sea*) överfart(en) *[urverfahrt]*

crossroads en vägkorsning *[vaig-kawrshning]*

crosswalk ett övergångsställe *[urvergawngs-stelleh]*

crowd folkträngsel(n) *[follktrengssel]*

crowded fullproppad *[fooll-proppad]*

crown (*money, on tooth*) en krona *[kroona]*; **50 Swedish crowns** 50 svenska kronor *[kroonoor]*

crucial: it's absolutely crucial det är absolut avgörande *[day ay absolœt ahvyurrandeh]*

cruise en kryssning *[krüssning]*

crutch (*for walking*) en krycka *[krücka]*; (*of body*) skrev(et) *[skrayv]*

cry gråta *[grawta]*; **don't cry** gråt inte *[inteh]*

cucumber gurka(n) *[goorka]*

cuisine kokkonst(en) *[kookkawnst]*

cultural kulturell *[kooltœrell]*

cup en kopp; **a cup of coffee** en kopp kaffe *[kopp kaffeh]*

cupboard ett skåp *[skawp]*

cure bota *[boota]*; **have you got something to cure it?** finns det något som botar det? *[finnss day nawgot ... day]*

curlers hårspolar *[hawr-spoolar]*

current ström(men) *[strurm]*

curry curry(n) *[coorree]*

curtains gardiner *[gahrdeener]*

curve kurva(n) *[koorva]*

cushion en kudde *[kooddeh]*

custom sed(en) *[sayd]*

Customs tull(en) *[toll]*

cut skära *[shaira]*; **I've cut myself** jag har skurit mig *[yah hahr skœrit may]*; **could you cut a little off here?** kan du skära av litet här? *[kan dœ shaira ahv leeteh hair]*; **we were cut off** vi blev avbrutna *[vee blayv ahvbrœtna]*; **the engine keeps cutting out** motorn dör ideligen

[mōotōōrn durr eedeligen]
cutlery ett bestick *[bestick]*
cutlet kotlett(en) *[kotlett]*
cycle: can we cycle there? kan vi cykla dit? *[kan vee sükla deet]*
cycling cykling *[sükling]*

cyclist en cyklist *[sükleest]*
cylinder en cylinder *[sülinder]*
cylinder-head gasket en cylinderlockspackning *[sülinderlockspackning]*
cynical cynisk *[sünisk]*
cystitis blåskatarr(en) *[blawss-katarr]*

D

damage skada *[skahda]*; **you've damaged it** du har skadat den *[dōo hahr ... dayn]*; **it's damaged** den är skadad *[ay]*; **there's no damage** inget är skadat *[inget]*
damn! tusan också! *[tœssan ocksaw]*
damp fuktig *[fooktig]*
dance (*noun*) en dans *[danss]*; (*verb*) dansa; **do you want to dance?** får jag lov? *[fawr yah lawv]*
dancer en dansare *[danssareh]*; **he's a good dancer** han dansar bra *[han danssar brah]*
dancing: we'd like to go dancing vi vill gå ut och dansa *[vee vill gaw œt ock danssa]*
dandruff mjäll *[m-yell]*
Dane (*man*) en dansk; (*woman*) en danska; **the Danes** danskarna
dangerous farlig *[fahrlig]*
Danish dansk; (*language*) danska
dare våga *[vawga]*: **I don't dare** jag vågar inte *[yah vawgar inteh]*
dark mörk *[murrk]*; **dark blue** mörkblå *[murrkblaw]*; **when does it get dark?** när blir det mörkt? *[nair bleer day]*; **after dark** efter mörkrets inbrott *[murrkrets inbrott]*
darling älskling *[elskling]*
dashboard instrumentbräda(n) *[instrœment-braida]*
date datum *[dahtoom]*; **what's the date?** vad är det för datum? *[vah ay day furr]*; **on what date?** vilket datum?; **can we make a date?** kan vi stämma möte? *[kan vee stemma murteh]*
dates (*to eat*) dadlar
daughter: my daughter min dotter *[meen]*

dawn gryning(en) *[grüning]*; **at dawn** i gryningen *[ee]*
day en dag *[dahg]*; **the day after** dagen efter; **the day before** dagen innan; **every day** varje dag *[vahryeh]*; **one day** en dag; **can we pay by the day?** kan vi betala per dag? *[kan vee betahla pair]*; **have a good day!** ha det så trevligt! *[hah day saw trayvligt]*
daylight robbery rena rövarpriset *[rayna rurvarpreesset]*
day trip en dagstur *[dahgss-tœr]*
dead död *[durd]*
deaf döv *[durv]*
deaf-aid en hörapparat *[hurrapparaht]*
deal (*business*) en affär; **it's a deal** saken är klar! *[sahken ay klahr]*; **will you deal with it?** tar du hand om det? *[tahr dōo hand om day]*
dealer (*agent*) en handlare *[handlareh]*
dear kär *[chair]*; (*expensive*) dyr *[dür]*; **Dear Göran** käre Göran *[chaireh yurran]*
death död(en) *[durd]*
decadent dekadent
December december *[dayssembair]*
decent hygglig *[hügglig]*; **that's very decent of you** det var verkligen hyggligt av dig *[day vahr vairkligen ... ahv day]*
decide bestämma (sig) *[bestemma (say)]*; **we haven't decided** vi har inte bestämt oss *[vee hahr inteh bestemt oss]*; **you decide for us** du får bestämma *[dōo fawr]*; **it's all decided** allting är bestämt
decision ett beslut *[beslœt]*
deck däck(et) *[deck]*
deckchair en däcksstol *[decks-stōol]*

declare förtulla *[furrtoolla]*; **I have nothing to declare** jag har inget att förtulla *[yah hahr inget]*

decoration (*in room*) inredning(en) *[inraydning]*

deduct dra av *[drah ahv]*

deep djup *[yoop]*; **is it deep?** är det djupt? *[ay day]*

deep-freeze en frys *[früss]*

definitely absolut *[absoloot]*; **definitely not** absolut inte *[inteh]*

degree (*university*) universitetsexamen *[oonivershitayts-exahmen]*; (*temperature*) en grad *[grahd]*

dehydrated (*person*) uttorkad *[oot-tawrkad]*

de-icer avisningsvätska(n) *[ahveess-nings-vetska]*

delay: the flight was delayed flyget var försenat *[flüget vahr furrshaynat]*

deliberately avsiktligt *[ahvsiktligt]*

delicacy en läckerhet *[leckerhayt]*; **a local delicacy** en lokal läckerhet *[ayn lookal]*

delicious utsökt *[ootsurkt]*

deliver leverera *[leverayra]*; **will you deliver it?** kan jag få det hemskickat? *[kan yah faw day hemshickat]*

delivery utkörning *[ootchurrning]*; **is there another mail delivery?** blir det någon mer brevutkörning? *[bleer day nawgon mair brayvootchurrning]*

de luxe lyx- *[lüx-]*

denims jeans(en) *[yeenss]*

Denmark Danmark

dent buckla(n) *[boockla]*; **there's a dent in it** den har en buckla *[dayn hahr ayn]*

dental floss tandtråd(en) *[tandtrawd]*

dentist en tandläkare *[tandlaikareh]*

dentures en tandprotes *[tandprotayss]*

deny: he denies it han förnekar det *[han furrnaykar day]*

deodorant deodorant(en) *[dayodorant]*

department store varuhus(et) *[vahroo-hooss]*

departure avfärd(en) *[ahvfaird]*

departure lounge avgångshall(en) *[ahvgawngs-hall]*

depend: it depends det beror på *[day beroor paw]*; **it depends on ...** det beror på ...

deposit (*payment*) handpenning(en)

depressed nedslagen *[naydslahgen]*

deserted (*beach etc*) öde *[urdeh]*

dessert efterrätt(en) *[efter-rett]*

destination destination(en) *[destin-ashoon]*

detergent ett rengöringsmedel *[raynyurrings-maydel]*

detour en omväg *[omvaig]*

devalued devalverad *[dayvalvayrad]*

develop utveckla *[ootveckla]*; **could you develop these films?** kan jag få de här filmerna framkallade? *[kan yah faw dom hair filmerna framkalladeh]*

diabetic en diabetiker *[dee-abayteeker]*

diagram ett diagram *[dee-agram]*

dialect dialekt(en) *[dee-alekt]*

dialling code ett riktnummer *[riktnoomer]*

diamond en diamant *[dee-amant]*; **diamonds** (*cards*) ruter *[rooter]*

diaper en blöja *[blur-ya]*

diarrh(o)ea diarré(n) *[dee-array]*; **do you have something to stop diarrhoea?** har du något mot diarré? *[hahr doo nawgot moot]*

diary en kalender *[kalender]*; (*personal*) dagbok(en) *[dahgbook]*

dictionary en ordbok *[oordbook]*; **a Swedish-English dictionary** en svensk-engelsk ordbok

didn't *see* **not** *and page 116*

die dö *[dur]*; **I'm absolutely dying for a drink** jag törstar ihjäl *[yah turshtar ee-yail]*

diesel diesel

diet diet(en) *[dee-ayt]*; **I'm on a diet** (*for health reasons*) jag håller diet *[yah hawlleer]*; (*slimming*) jag bantar

difference skillnad(en) *[shillnahd]*; **what's the difference between ...?** vad är skillnaden mellan ...? *[vah ay ... mellan]*; **it doesn't make any difference** det gör ingen skillnad *[day yurr ingen]*; **I can't tell the difference** jag ser ingen skillnad *[yah sayr]*

different: they are very different de är väldigt olika *[dom ay veldigt ooleeka]*; **it's different from this one** den är annorlunda än den här *[dayn ay annorloonda enn dayn hair]*; **may we have a different table?** kan vi få

ett annat bord? *[kan vee faw ett annat bōōrd]*; **ah well, that's different** ja-ha, det är skillnad *[yah-hah, day ay shillnad]*
difficult svår *[svawr]*
difficulty en svårighet *[svawrighayt]*; **without any difficulty** utan svårighet *[ootan]*; **I'm having difficulties with ...** jag har svårigheter med ... *[yah hahr]*
digestion matsmältning(en) *[mahtsmeltning]*
dinghy en jolle *[yolleh]*; *(inflatable)* en räddningsbåt *[reddningsbawt]*
dining car restaurangvagn(en) *[restawrang-vang-n]*
dining room matsal(en) *[mahtsahl]*
dinner *(evening meal)* middag(en) *[middahg]*
dinner jacket smoking(en)
dinner party middagsbjudning(en) *[middahgs-b-yoodning]*
dipped headlights halvljus(et) *[halvyooss]*
dipstick mätsticka(n) *[mait-sticka]*
direct direkt *[deerekt]*; **does it go direct?** går det direkt? *[gawr day]*
direction riktning(en) *[riktning]*; **which direction is it?** vilken riktning är det? *[ay day]*; **is it in this direction?** är det i den här riktningen? *[ee dayn hair]*
directory en katalog *[katalawg]*; **telephone directory** telefonkatalog(en) *[telefawn—]*
directory enquiries nummerbyrå(n) *[noomer-büraw]*
dirt smuts(en) *[smoots]*
dirty smutsig *[smootsig]*
disabled handikappad
disagree: it disagrees with me jag tål det inte *[yah tawl day inteh]*
disappear försvinna *[furrsvinna]*; **it's just disappeared** det är borta *[day ay bawrta]*
disappointed: I was disappointed jag blev besviken *[yah blayv besveeken]*
disappointing tråkig *[trawkig]*
disaster katastrof(en) *[katastrawf]*
discharge *(pus)* utsöndring(en) *[ootsurndring]*
disc jockey en skivpratare *[sheev-prahtareh]*
disco ett diskotek *[diskotayk]*

disco dancing diskodans(en) *[diskodanss]*
discount rabatt(en) *[rabatt]*
disease sjukdom(en) *[shookdōōm]*
disgusting vidrig *[veedrig]*
dish *(plate)* en tallrik *[tallreek]*; *(meal)* en rätt *[rett]*
dishcloth en disktrasa *[disktrahssa]*
dishonest ohederlig *[ōōhayderlig]*
dishwashing liquid ett diskmedel *[diskmaydel]*
disinfectant ett desinfektionsmedel *[dayssinfekshōōns-maydel]*
diskette en diskett
disk film en filmdisk
dislocated shoulder en arm ur led *[ayn arm oor layd]*
dispensing chemist ett apotek *[apotayk]*
disposable nappies cellstoffblöjor *[sellstoff-blur-y-ōōr]*
distance avstånd(et) *[ahvstawnd]*; **what's the distance from ... to ...?** hur långt är det från ... to ...? *[hoor lawngt ay day frawn]*; **in the distance** på avstånd *[paw]*
distilled water destillerat vatten *[destillayrat]*
distributor *(in car)* fördelare(n) *[furrdaylareh]*; *(commercial)* distributör(en) *[distribooturr]*
disturb störa *[sturra]*; **the disco is disturbing us** diskoteket stör oss *[diskotayket]*
diversion omläggning(en) *[omleggning]*
diving board svikt(en) *[svikt]*
divorced skild *[shild]*
dizzy yr *[ür]*; **I feel dizzy** jag känner mig yr *[yah chenner may]*; **dizzy spells** svindelanfall
do göra *[yurra]*; **what do you do?** *(job)* vad jobbar du med? *[vah yobbar dōō]*; **what shall I do?** vad ska jag göra? *[vah ska yah]*; **what are you doing tonight?** vad ska du göra ikväll? *[vah eekvell]*; **how do you do it?** hur gör man det? *[hoor yurr man day]*; **will you do it for me?** kan du göra det åt mig? *[awt may]*; **who did it?** vem har gjort det? *[vem hahr yoort day]*; **the meat's not done** köttet är inte färdigt *[churtet ay inteh fairdigt]*; **do you have ...?** har

du ...?

docks hamn(en)

doctor en läkare *[laikareh]*; **he needs a doctor** han behöver läkare *[han behurver]*; **can you call a doctor?** kan du tillkalla läkare?

document dokument(et) *[dokument]*

dog en hund *[hoond]*

doll en docka

dollar en dollar

donkey en åsna *[awssna]*

don't! låt bli! *[lawt blee]*; *see* **not** *and page 116*

door en dörr *[durr]*

doorman en portier *[pawrchay]*

dormobile (*tm*) en husbil *[hooss-beel]*

dosage en dos *[dōōss]*

double dubbel *[doobbel]*; **double room** ett dubbelrum *[doobbelroom]*; **double bed** en dubbelsäng *[doobbelseng]*; **double r** med två r *[tvaw airr]*; **it's all double dutch to me** det är rena hebreiskan *[day ay rayna hebrayiskan]*

doubt: I doubt it det tvivlar jag på *[day tveevlar yah paw]*

douche sköljning(en) *[shurl-y-ning]*

doughnut en flottyrring *[flottür-ring]*

down ned *[nayd]*; **get down!** kom ned!; **he's not down yet** han har inte stigit upp än *[han hahr inteh steegit oopp enn]*; **further down the road** längre nedåt gatan *[lengreh naydawt gahtan]*; **I paid 20% down** jag har betalat av 20% *[yah hahr betahlat ahv choogaw prosent]*

downmarket anspråkslöst *[ansprawkslurst]*

downstairs i nedre våningen *[ee naydreh vawningen]*

dozen ett dussin *[doossin]*; **half a dozen** ett halvdussin

drain avlopp(et) *[ahvlopp]*

draughts (*game*) damspel *[dahmspayl]*

draughty dragig *[drahgig]*; **it's rather draughty** det är ganska dragigt *[day ay ganska]*

drawing pin ett häftstift *[heftstift]*

dreadful förfärlig *[furrfairlig]*

dream en dröm *[drurm]*; **it's like a bad dream** det är som en mardröm *[day ay som ayn mahrdrurm]*; **sweet dreams** sov gott! *[sawv]*

dress (*woman's*) en klänning *[klenning]*; **I'll just get dressed** jag ska bara klä på mig *[yah ska bahra klai paw may]*

dressing (*for wound*) ett förband *[furrband]*; (*for salads*) dressing(en)

dressing gown en morgonrock *[morronrock]*

drink dryck(en) *[drück]*; (*alcoholic*) en drink; **what are you drinking?** vad vill du ha att dricka? *[vah vill doo han att dricka]*; **I don't drink** jag är nykterist *[yah ay nüktereest]*; **a long cool drink** en svalkande dryck *[ayn svalkandeh]*; **may I have a drink of water?** kan jag få ett glas vatten? *[kan yah faw ett glahss vatten]*; **drink up!** drick ur! *[drick oor]*; **I had too much to drink** jag har druckit för mycket *[yah hahr droockit furr mückeh]*

drinkable drickbar *[drickbahr]*

drive köra *[churra]*; **we drove here** vi har kört hit *[vee hahr churrt heet]*; **I'll drive you home** jag kör dig hem *[yah churr day hem]*; **do you want to come for a drive?** vill du följa med på en åktur? *[vill doo furlya med paw ayn awktoor]*; **is it a very long drive?** tar det lång tid att köra dit? *[tahr day lawng teed ... det]*

driver förare(n) *[furrareh]*

driver's license ett körkort *[churrkōort]*

drive shaft kardanaxel(n) *[kardahnaxel]*

driving licence ett körkort *[churrkōort]*

drizzle: it's drizzling det duggregnar *[day doog-rengnar]*

drop: just a drop bara en droppe *[bahra ayn droppeh]*; **I dropped it** jag tappade den *[yah tappadeh dayn]*; **drop in some time** titta in nån gång *[teetta in nawn gawng]*

drown: he's drowning han drunknar *[han droonknar]*

drug ett läkemedel *[laikehmaydel]*; (*hashish etc*) knark(et) *[k-nahrk]*

drugstore (*for pharmaceuticals*) ett apotek *[apotayk]*; (*for general goods*) en kiosk *[chee-osk]*

drunk full *[fooll]*

drunken driving rattfyllerie(et) *[rattfüllayree]*

dry torr *[tawrr]*
dry-clean kemtvätta *[chaym-tvetta]*
dry-cleaner kemtvätta(en) *[chaym-tvett]*
duck en anka
due. when is the bus due? när ska bussen komma? *[nair ska boossen komma]*
dumb stum *[stoom]*; (*stupid*) dum *[doom]*
dummy (*for baby*) en napp
durex (*tm*) en kondom *[kondawm]*
during under *[oonder]*

dust damm(et)
dustbin en soptunna *[sooptoonna]*
Dutch holländsk *[hollendsk]*; (*language*) holländska *[hollendska]*
Dutchman en holländare *[hollendareh]*
Dutchwoman en holländska *[hollendska]*
duty-free tullfri *[toollfree]*; **duty-free goods** tullfria varor *[toollfree-a vahror]*
duvet ett duntäcke *[doonteckeh]*
dynamo en generator *[yaynerahtor]*

E

each varje *[vahr-yeh]*; **each of them** var och en av dem *[vahr ok ayn ahv dom]*; **one for each of us** var sin *[seen]*; **how much are they each?** vad kostar de styck? *[vah kostar dom stück]*; **each time** varje gång *[gawng]*; **we know each other** vi känner varandra *[vee chenner vahrandra]*
ear ett öra *[urra]*
earache örsprång *[urrsprawng]*
early tidig *[teedig]*; **early in the morning** tidigt på morgonen *[paw morronen]*; **it's too early** det är för tidigt *[day ay furr]*; **a day earlier** en dag tidigare *[ayn dahg teedigareh]*; **I need an early night** jag måste lägga mig tidigt *[yah mawsteh legga may]*
early riser: I'm an early riser jag är morgonpigg *[yah ay morronpigg]*
earmuffs öronskydd(en) *[urron-shüdd]*
earring ett örhänge *[urrhengeh]*
earth (*also elec*) jord(en) *[yoord]*
earthenware lergods(et) *[layrgoodss]*
earwig en tvestjärt *[tvay-shairt]*
east öster(n) *[urster]*; **in the east** i östra delen *[ee … daylen]*; **east of Stockholm** öster om Stockholm; **to the east** österut *[ursteroot]*
Easter påsk(en) *[pawsk]*
easy lätt *[lett]*; **easy with the cream!** inte för mycket grädde! *[inteh furr mückeh greddeh]*

eat äta *[aita]*; **something to eat** något att äta *[nawgot]*; **we've already eaten** vi har redan ätit *[vee hahr raydan aitit]*
eau-de-Cologne eau-de-cologne *[aw-de-kawlawn-y]*
eccentric excentrisk
edible ätlig *[aitlig]*
efficient effektiv *[effekteev]*
egg ett ägg *[egg]*
eggplant en aubergine *[awbershin]*
Eire Eire *[eh-eereh]*
either: either … or … antingen … eller …; **I don't like either of them** jag tycker inte om någon av dem *[yah tücker inteh om nawgon ahv dom]*; **either one** vilken som helst
elastic elastisk
elastic band resårband(et) *[rayssawr-band]*
Elastoplast (*tm*) ett plåster *[plawster]*
elbow en armbåge *[armbawgeh]*
electric elektrisk
electric blanket en elektrisk värmefilt *[elektrisk vairmeh-filt]*
electric cooker en elspis *[elspeess]*
electric fire ett värmeelement *[vairmeh-element]*
electrician en elektriker *[elektreeker]*
electricity elektricitet(en) *[elektrissi-tayt]*
electric outlet en väggkontakt *[vegg-koontakt]*

elegant elegant *[elegant]*
elevator en hiss
else: something else något annat
[nawgot annat]; **somewhere else**
någon annanstans *[nawgon
annanstanss];* **let's go somewhere
else** vi går någon annanstans *[vee
gawr];* **what else?** vad mer? *[vah
mayr];* **nothing else, thanks** inget
annat, tack *[inget]*
embarrassed generad *[shenayrad]*
embarrassing genant *[shenant]*
embassy en ambassad *[ambassahd]*
emergency ett nödläge *[nurdlaigeh]*
emery board en sandpappersfil
[sandpappersh-feel]
emotional känslosam *[chenslawssam]*
empty tom *[tōōm]*
end slut(et) *[slœt];* **at the end of the
road** vid vägens slut *[veed vaigenss];*
when does it end? när tar det slut?
[nair tahr day]
energetic energisk *[enairgisk]*
energy energi(n) *[enairshee]*
engaged *(toilet, telephone)* upptaget
[oopptahget]; *(person)* förlovad
[furrlawvad]
engagement ring en förlovningsring
[furrlawvnings-ring]
engine motor(en) *[mōōtōōr]*
engine trouble motorfel(et)
[mōōtōōrfayl]
England England
English engelsk *[engelsk];* *(language)*
engelska *[engelska];* **the English**
engelsmännen *[engelsmennen];* **I'm
English** *(man)* jag är engelsman *[yah
ay engelsman];* *(woman)* jag är
engelska; **do you speak English?**
talar du engelska? *[tahlar dœ]*
Englishman en engelsman
Englishwoman en engelska
enjoy tycka om *[tücka om];* **I enjoyed
it very much** jag tyckte mycket om
det *[yah tückteh mücket om day];* **en-
joy yourself!** ha det så trevligt!
[hah day saw trayvligt]
enjoyable trevlig *[trayvlig];* **that was a
very enjoyable meal** det var verk-
ligen en trevlig måltid *[day vahr
vairkligen ayn ... mawlteed]*
enlargement en förstoring
[furshtōōring]
enormous enorm *[enawrm]*

enough tillräcklig *[tillrecklig];* **there's
not enough** det finns inte tillräckligt
[day finss inteh]; **it's not big enough**
det är inte tillräckligt stort *[day ay
... stōōrt];* **thank you, that's enough**
tack, det räcker *[day recker]*
entertainment underhållning(en)
[oonderhawllning]
enthusiastic entusiastisk
entrance ingång(en) *[ingawng]*
envelope ett kuvert *[kmvair]*
epileptic en epileptiker *[epilepteeker]*
equipment utrustning(en) *[œtroost-
ning]*
eraser ett radergummi *[radayr-
goomee]*
erotic erotisk *[ayrawtisk]*
error ett fel *[fayl]*
escalator en rulltrappa *[roolltrappa]*
especially särskilt *[sairshilt]*
espresso *(coffee)* en espresso
essential nödvändig *[nurdvendig];* **it
is essential that ...** det är
nödvändigt att ... *[day ay]*
estate agent en fastighetsmäklare
[fastighayts-maiklareh]
Eurocheque en eurocheck *[eh-ooro-
check]*
Eurocheque card ett eurocheckkort
[eh-ooro-check-kōōrt]
Europe Europa *[eh-oorōōpa]*
European europeisk *[eh-oorōōpayisk];*
(person) en europé *[eh-oorōōpay]*
European plan halvpension *[halv-
pangshōōn]*
even även *[aiven];* **even the Swedes**
till och med svenskarna *[ok med
svenskarna];* **even if** även om
evening kväll(en) *[kvell];* **good eve-
ning** godafton *[gōōd-afton];* **this eve-
ning** ikväll *[eekvell];* **in the evening**
på kvällen *[paw]*
evening dress *(for women)* en afton-
klänning *[aftonklenning];* *(for men)*
smoking(en)
evening meal middag(en) *[middahg]*
eventually slutligen *[slœtligen]*
ever någonsin *[nawgonssin];* **have you
ever been to ...?** har du någonsin
varit i ...? *[hahr dœ ... vahrit ee];*
if you ever come to London om du
någonsin kommer till London
every varje *[vahr-yeh];* **every day**
varje dag *[dahg]*

everyone alla
everything allting
everywhere överallt *[urverallt]*
exact exakt
exactly! just det! *[yoosteh]*
exam en examen *[exahmen]*
example ett exempel *[exempel]*; **for example** till exempel
excellent utmärkt *[ɷtmairkt]*
except utom *[ɷtom]*; **except Sunday** utom söndag
exception ett undantag *[oondantahg]*; **as an exception** som ett undantag
excess baggage överviktsbagage(t) *[urvervikts-bagahsh]*
excessive orimlig *[ōōreemlig]*; **that's a bit excessive** det är väl litet väl mycket *[day ay vail leeteh vail mückeh]*
exchange (*money*) växla *[vexla]*; (*telephone exchange*) växel(n) *[vexla]*; **in exchange** i utbyte *[ee ɷtbüteh]*
exchange rate valutakurs(en) *[valɷta-koorsh]*; **what's the exchange rate?** vad är valutakursen? *[vah ay]*
exciting spännande *[spennandeh]*
exclusive exklusiv *[exklɷsseev]*
excursion en utflykt *[ɷtflükt]*; **is there an excursion to ...?** går det någon utflykt till ...? *[gawr day nawgon]*
excuse me ursäkta mig *[ɷrshekta may]*
exhaust (*of car*) avgas(en) *[ahvgahss]*
exhausted utmattad *[ɷtmattad]*
exhibition en utställning *[ɷtstellning]*
exist existera *[existayra]*; **does it still exist?** existerar det fortfarande? *[day fōōrtfahrandeh]*
exit utgång(en) *[ɷtgawng]*
expect vänta sig *[venta say]*; **what do you expect?** vad hade du väntat dig? *[vah hadeh dɷ ventat day]*; **I expect so** det skulle jag tro *[day skoolleh yah trōō]*; **she's expecting**

hon väntar barn *[hōōn ventar bahrn]*
expensive dyr *[dür]*
experience en upplevelse *[oopplayvelsse]*; **an absolutely unforgettable experience** en helt oförglömlig upplevelse *[ayn haylt ōōfurrglurmlig]*
experienced erfaren *[airfahren]*
expert en expert *[expairt]*
expire utlöpa *[ɷtlurpa]*; **it's expired** den har löpt ut *[dayn hahr lurpt ɷt]*
explain förklara *[furrklahra]*; **would you explain that to me?** vill du förklara det för mig? *[vill dɷ ... day furr may]*
explore utforska *[ɷtfawrshka]*; **I just want to go and explore** jag vill bara gå och se mig omkring *[yah vill bahra gaw ock say may omkring]*
export export(en)
exposure meter exponeringsmätare(n) *[expawnayrings-maitareh]*
express (*mail*) express
extra extra; **can we have an extra chair?** kan vi få ayn ... stōōl]*; **is that extra?** räknas det extra? *[raiknass day]*
extraordinary ovanlig *[ōōvanlig]*
extremely ytterst *[üttairsht]*
extrovert utåtriktad *[ɷtawtriktad]*
eye ett öga *[urga]*; **will you keep an eye on it for me?** vill du hålla ett öga på det åt mig? *[vill dɷ hawlla ... paw day awt may]*
eyebrow ett ögonbryn *[urgonbrün]*
eyebrow pencil en ögonbrynspenna *[urgonbrüns-penna]*
eye drops ögondroppar *[urgondroppar]*
eyeliner eyeliner
eye shadow ögonskugga(n) *[urgonskoogga]*
eye witness ett ögonvittne *[urgonvittneh]*

F

fabulous sagolik *[sahgoleek]*
face ett ansikte *[ansikteh]*
face pack en ansiktsmask
facilities resurser *[rayssoorsher]*; **the hotel's facilities are excellent** hotellet har utmärkta resurser *[hōōtellet hahr ωtmairkta]*
facing: facing the river som vetter mot floden *[som vetter mōōt flōōden]*
fact ett faktum *[faktoom]*
factory en fabrik *[fabreek]*
Fahrenheit *see page 121*
faint svimma; **she's fainted** hon har svimmat *[hōōn hahr svimmat]*; **I think I'm going to faint** jag tror jag svimmar *[yah trōōr yah]*
fair *(fun-)* en marknad *[mahrknad]*; *(commercial)* en mässa *[messa]*; **it's not fair** det är inte rättvist *[day ay inteh rettveest]*; **OK, fair enough** låt gå för det *[lawt gaw furr day]*
fake en förfalskning *[furrfalskning]*
fall ramla; **he's had a fall** han har ramlat *[han hahr ramlat]*; **he fell off his bike** han ramlade av cykeln *[han ramladeh ahv sükeln]*; **in the fall** *(autumn)* på hösten *[paw hursten]*
false falsk
false teeth löständer *[lursstender]*
family en familj *[fameel-y]*
family hotel ett familjepensionat *[fameel-ye-pangshōōnaht]*
family name ett efternamn *[efternam-n]*
famished utsvulten *[ωtsvoolten]*; **I'm famished** jag håller på att dö av hunger *[yah hawller paw att dur ahv hoonger]*
famous berömd *[berurmd]*
fan *(mechanical)* en fläkt *[flekt]*; *(hand held)* en solfjäder *[sōōl-f-yaider]*; *(football etc)* en supporter
fan belt en fläktrem *[flektrem]*
fancy: he fancies you han är tänd på dig *[han ay tend paw day]*
fancy dress en maskeraddräkt

[maskerahd-drekt]
fantastic fantastisk
far långt *[lawngt]*; **is it far?** är det långt? *[ay day]*; **how far is it to ...?** hur långt är det till ...? *[hōōr]*; **as far as I'm concerned** vad mig beträffar *[vah may betreffar]*
fare biljettpris(et) *[bilyett-preess]*; **what's the fare to ...?** vad kostar biljetten till ...? *[vah kostar]*
farewell party en avskedsfest *[ahvshaydss-fest]*
farm en bondgård *[bōōndgawrd]*
farther längre *[lengreh]*; **farther than** längre än *[enn]*
fashion mode(t) *[mōōdeh]*
fashionable på modet *[paw mōōdet]*
fast fort *[fōōrt]*; **not so fast** sakta i backarna *[sakta ee backarna]*
fastener *(on clothes etc)* en knäppanordning *[knepp-anawrdning]*
fat tjock *[chock]*; *(on meat)* fett(et)
father: my father min far *[meen fahr]*
father-in-law en svärfar *[svairfahr]*
fattening fettbildande *[fett-bildandeh]*; **it's fattening** det blir man tjock av *[day bleer man chock ahv]*
faucet en kran *[krahn]*
fault ett fel *[fayl]*; **it was my fault** det var mitt fel *[day vahr]*; **it's not my fault** det är inte mitt fel *[day ay inteh]*
faulty defekt *[dayfekt]*
favo(u)rite favorit- *[fahvoreet]*; **this beer's my favourite** det här är mitt favoritöl *[day hair ay mitt fahvoreet-url]*
fawn beige *[baysh]*
February februari *[februahree]*
fed up utled *[ωtlayd]*; **I'm fed up** det står mig upp i halsen *[day stawr may oopp ee halssen]*; **I'm fed up with ...** jag är utled på ... *[yah ay ... paw]*
feeding bottle en nappflaska
feel känna *[chenna]*; **I feel hot/cold** jag är varm/jag fryser *[yah ay*

vahrm/yah früsser]; **how are you feeling today?** hur känns det idag? *[hœr chennss day eedahg]*; **I'm feeling a lot better** det känns mycket bättre *[mückeh bettreh]*; **I feel like a sausage** jag är sugen på en korv *[yah ay sœgen paw ayn korv]*; **I don't feel like it** jag har ingen lust *[yah hahr ingen loost]*

felt-tip en tuschpenna *[tooshpenna]*

fence ett staket *[stakayt]*

fender (*of car*) en stänkskärm *[stenkshairm]*

ferry en färja *[fairya]*; **what time's the last ferry?** hur dags går sista färjan? *[hœr dahgss gawr sista]*

festival en festival *[festeevahl]*

fetch hämta *[hemta]*; **I'll go and fetch it** jag går och hämtar det *[yah gawr ok ... day]*; **will you come and fetch me?** kommer du och hämtar mig? *[kommer dœ ... may]*

fever feber(n) *[fayber]*

feverish febrig *[faybrig]*; **I'm feeling feverish** det känns som om jag har feber *[day chennss som om yah hahr fayber]*

few få *[faw]*; **only a few** bara några stycken *[bahra nawgra stücken]*; **a few minutes** några minuter *[minœter]*; **he's had a good few** (*to drink*) han har fått en del i sig *[han hahr fawt ayn dayl ee say]*

fiancé: my fiancé min fästman *[meen festmann]*

fiancée: my fiancée min fästmö *[meen festmur]*

fiasco: what a fiasco! vilket fiasko!

fiddle: it's a fiddle det är fiffel *[day ay fiffel]*

field ett fält *[felt]*

fifty-fifty fifty-fifty

fight ett slagsmål *[slahgsmawl]*

figs fikon *[feekon]*

figure en figur *[figœr]*; **I have to watch my figure** jag måste tänka på figuren *[yah mawsteh tenka paw]*

fill fylla *[fülla]*; **fill her up please** full tank, tack *[fooll]*; **will you help me fill out this form?** kan du hjälpa mig fylla i den här blanketten? *[kan dœ yelpa may fülla ee dayn hair blanketten]*

fillet en filé *[filay]*

filling (*tooth*) en plomb

filling station en bensinstation *[bensseen-stashōōn]*

film en film; **do you have this type of film?** har du den här sortens film? *[hahr dœ dayn hair sawrtens]*; **16mm film** en 16 mm film *[ayn sexton-millimaytersh]*; **35mm film** en 35 mm film *[trettee-femm]*

film processing filmframkallning(en)

filter ett filter

filter-tipped filter-

filthy smutsig *[smootsig]*

find hitta; **I can't find it** jag kan inte hitta den *[yah kan inteh hitta dayn]*; **if you find it** om du hittar den *[om dœ]*; **I've found it** jag har hittat den

fine fin *[feen]*; **it's fine weather** det är fint väder *[day ay feent vaider]*; **a 200 kronor fine** 200 kronor i böter *[krōōnōōr ee burter]*; **thank you, that's fine** tack, det är bra *[day ay brah]*; **that's fine by me** det passar mig bra *[day passar may brah]*; **how are you? — fine thanks** hur mår du? — tack, bra *[hœr mawr dœ]*

finger ett finger

fingernail en nagel *[nahgel]*

finish sluta *[slœta]*; **I haven't finished** jag är inte färdig *[yah ay inteh fairdig]*; **when I've finished** när jag är färdig *[nair]*; **when does it finish?** när slutar det? *[day]*; **finish off your drink** drick ur ditt glas *[œr ditt glahss]*

Finland Finland

Finn (*man*) en finne *[finneh]*; (*woman*) en finska; **the Finns** finnarna

Finnish finsk; (*language*) finska

fire eld(en); **electric fire** värmeelement *[vairmeh-element]*; **open fire** öppen spis *[urppen speess]*; **fire!** elden är lös! *[ay lurss]*; **may we light a fire here?** får vi tända eld här? *[fawr vee tenda eld hair]*; **it's on fire** det brinner *[day]*; **the engine's not firing properly** motorn tänder inte riktigt *[mōōtōōrn tender inteh riktigt]*

fire alarm brandlarm(et) *[brandlahrm]*

fire brigade, fire department brandkår(en) *[brandkawr]*

fire escape en reservutgång *[rayssairv-œtgawng]*

fire extinguisher en brandsläckare

[brandsleckareh]

firm (*company*) en firma *[feerma]*

first först *[fursht]*; **I was first** jag var först *[yah vahr]*; **at first** först; **this is the first time** det här är första gången *[day hair ay ... gawngen]*

first aid första hjälpen *[furshta yelpen]*

first aid kit en förbandslåda *[furrbandss-lawda]*

first class första klass *[furshta]*

first name ett förnamn *[furrnamn]*

fish en fisk

fisherman en fiskare *[fiskareh]*

fishing fiske(t) *[fiskeh]*

fishing boat en fiskebåt *[fiskeh-bawt]*

fishing net ett fiskenät *[fiskeh-net]*

fishing rod ett metspö *[maytspur]*

fishing tackle fiskeredskap(en) *[fiskeh-raydskahp]*

fishing village ett fiskeläge *[fiskeh-laigeh]*

fit (*healthy*) i form *[ee fawrm]*; **I'm not very fit** jag har ingen kondition *[yah hahr ingen kondishoon]*; **a keep fit fanatic** en hurtbulle *[hoort-boolleh]*; **it doesn't fit** den passar inte *[dayn passar inteh]*

fix (*arrange*) ordna *[awrdna]*; **can you fix it?** kan du ordna det? *[kan dœ ... day]*; (*repair*) kan du laga det *[lahga]*; **let's fix a time** vi kommer överens om ett dags *[vee kommer urvayrenss ... dahgss]*; **it's all fixed up** allt är ordnat *[allt ay]*; **I'm in a bit of a fix** jag sitter i knipa *[yah sitter ee k-neepa]*

fizzy mousserande *[moossayrandeh]*

fizzy drink en kolsyredryck *[kawlsüreh-drück]*

flab fläsk(et) *[flesk]*

flag en flagga

flannel (*washing*) en tvättlapp *[tvettlapp]*

flash (*phot*) en blixt

flashcube en fotoblixt *[footooblixt]*

flashlight en ficklampa

flashy (*clothes*) prålig *[prawlig]*

flat (*adjective*) platt; **this beer is flat** det här ölet är avslaget *[day hair urlet ay ahvslahget]*; **I've got a flat tyre/tire** jag har fått punktering *[yah hahr fawt poonktayring]*; (*apartment*) en lägenhet *[laigenhayt]*

flatterer en smickrare *[smickrareh]*

flatware (*cutlery*) matbestick *[maht-bestick]*; (*plates*) tallrikar *[tallreekar]*

flavo(u)r smak(en) *[smahk]*

flea en loppa

flexible smidig *[smeedig]*

flies (*on trousers*) en gylf *[yülf]*; (*zip*) en dragkedja *[drahgchayda]*

flight flygning(en) *[flügning]*

flippers simfötter *[simfurtter]*

flirt flörta *[flurrta]*

float flyta *[flüta]*

flood översvämning(en) *[urver-shvemning]*

floor golv(et); **on the floor** på golvet *[paw]*; **on the second floor** (*UK*) på andra våningen *[paw andra vaw-ningen]*; (*USA*) på första våningen *[furshta]*

floorshow en krogshow *[kroogshow]*

flop en flopp

florist en blomsterhandel *[bloomster-handel]*

flour mjöl(et) *[m-yurl]*

flower en blomma *[bloomma]*

flu influensa(n)

fluent flytande *[flütandeh]*; **he speaks fluent Swedish** han talar flytande svenska *[han tahlar]*

fly flyga *[flüga]*; **can we fly there?** går det flyg dit? *[gawr day flüg deet]*

fly (*insect*) en fluga *[flœga]*

fly spray en insektsprej *[insektspray]*

foggy: it's foggy det är dimma *[day ay dimma]*

fog light ett dimljus *[dim-yœss]*

folk dancing folkdans(en) *[follkdanss]*

folk music folkmusik(en) *[follk-mœsseek]*

follow följa *[furlya]*; **follow me** följ med mig *[furl-y med may]*

fond: I'm quite fond of ... jag är förtjust i ... *[yah ay furrchœst ee]*

food mat(en) *[maht]*; **the food's excellent** maten är utmärkt *[mahten ay œtmairkt]*

food poisoning matförgiftning(en) *[maht-fur-yiftning]*

food store en livsmedelsbutik *[leevss-maydels-bœteek]*

fool en dumbom *[doomboom]*

foolish dum *[doom]*

foot en fot *[foot]*; **on foot** till fots; *see page 119*

football fotboll(en) *[fōōtboll]*
for för *[furr]*; **thank's for your help**
tack för hjälpen *[yelpen]*; **is that for
me?** är det till mig? *[ay day till may]*;
buy one for me köp en åt mig
[churp ayn awt may]; **what's this
for?** vad är det här till? *[hair]*; **I've
been here for a week** jag har varit
här i en vecka *[yah hahr vahrit hair
ee ayn vecka]*; **a bus for** ... en buss
till ... *[booss]*; **a cheque for 100 kro-
nor** en check på 100 kronor *[ayn
check paw hoondra krōōnōōr]*; **ask
for help** be om hjälp *[bay om yelp]*
forbidden förbjuden *[furr-b-yⱷden]*
forehead panna(n)
foreign utländsk *[ⱷtlendsk]*
foreigner en utlänning *[ⱷtlenning]*
foreign exchange valutahandel(n)
[valⱷta-handel]; (*money*) utländska
valutor *[ⱷtlendska valⱷtōōr]*
forest skog(en) *[skōōg]*
forget glömma *[glurma]*; **I forget, I've
forgotten** det har jag glömt *[day
hahr yah glurmt]*; **don't forget** glöm
inte *[inteh]*
fork (*cutlery*) en gaffel; (*in road*) ett
vägskäl *[vaigshail]*
form (*document*) en blankett *[blankett]*
formal (*person*) formell *[fawrmell]*;
(*dress*) högtidsdräkt *[hurgteeds-drekt]*
fortnight fjorton dagar *[f-yōōrton
dahgar]*
fortunately lyckligtvis *[lüktligtveess]*
fortune-teller en spåkvinna *[spaw-
kvinna]*; (*man*) en spåman *[spawman]*
**forward: could you forward my
mail?** kan jag få posten eftersänd?
[kan yah faw possten eftershend];
drive forward kör fram *[churr]*
forwarding address eftersändnings-
adress(en) *[eftershendnings-adress]*
foundation cream underlagskräm(en)
[oonderlahgss-kraim]
fountain en fontän *[fontain]*
foyer foajé(n) *[faw-a-yay]*
fracture en fraktur *[fraktⱷr]*
fractured skull en skallfraktur
[skallfraktⱷr]
fragile bräcklig *[brecklig]*
frame (*of picture*) en ram *[rahm]*
France Frankrike *[frankreekeh]*
fraud bedrägeri(et) *[bedraigeree]*
free fri *[free]*; (*no cost*) gratis

[grahtiss]; **admission free** gratis in-
träde *[intraideh]*
freeway motorväg(en) *[mōōtōōrvaig]*
freeze frysa *[früssa]*; **my hands are
absolutely freezing** mina händer är
stelfrusna *[meena hender ay
staylfrⱷssna]*
freeze over frysa på *[früssa paw]*; **the
lake is frozen over** sjön är tillfrusen
[shurn ay tillfrⱷssen]
freezer en frys *[früss]*
freezing cold iskallt *[eess-kallt]*
French fransk; (*language*) franska
French fries pommes frites
[pawmfritt]
Frenchman en fransman *[franssman]*
Frenchwoman en fransyska
[franssüska]
frequent vanlig *[vahnlig]*
fresh frisk; **don't get fresh with me**
försök inte vara fräck! *[furrshurk
inteh vahra freck]*
fresh orange juice nypressad
apelsinjuice *[nüpressad apelseen-
yōōss]*
friction tape isolerband(et)
[eessolayr-band]
Friday fredag *[fraydahg]*
fridge ett kylskåp *[chülskawp]*
fried egg ett stekt ägg *[staykt egg]*
friend en vän *[ven]*
friendly vänlig *[venlig]*
frog en groda *[grōōda]*
from från *[frawn]*; **I'm from New
York** jag är från New York *[yah ay]*;
from here to the station härifrån till
stationen *[hairifrawn till stashōōnen]*;
the next train from ... nästa tåg
från ... *[nesta tawg]*; **as from Tues-
day** från och med tisdag *[ock med
teessdahg]*
front framsida(n) *[framseeda]*; **in
front of** framför *[framfurr]*; **at the
front** framtill
frost frost(en)
frostbite köldskada(n) *[churldskahda]*
frozen frusen *[frⱷssen]*; (*food*) djup-
fryst *[yⱷpfrüst]*; **I'm frozen stiff** jag
är alldeles stelfrusen *[yah ay
aldayless staylfrⱷssen]*
frozen food djupfryst *[yⱷpfrüst]*
fruit frukt(en) *[frookt]*
fruit juice fruktsaft(en) *[frookt-saft]*
fruit machine en spelautomat *[spayl-*

awtomaht]

fruit salad fruktsallad(en) *[frookt-sallahd]*

frustrating: it's very frustrating det är väldigt frustrerande *[day ay veldigt froostrayrandeh]*

fry steka *[stayka]*; **nothing fried** inget stekt *[inget staykt]*

frying pan stekpanna(n) *[staykpanna]*

full full *[fooll]*; **it's full of** den är full med ... *[dayn ay]*; **I'm full** jag är mätt *[yah ay mett]*

full-board helpension *[haylpangshōōn]*

full-bodied fyllig *[füllig]*

fun kul *[kool]*; **it's fun** det är kul *[day ay]*; **it was great fun** det var hemskt kul *[vahr hemskt]*; **just for fun** bara

på kul *[bahra paw]*; **have fun!** ha det så kul! *[hah day saw]*

funeral en begravning *[begrahvning]*

funny (*amusing*) lustig *[loostig]*; (*strange*) underlig *[oonderlig]*

furniture möbler *[murbler]*

further längre *[lengreh]*; **2 kilometres further** 2 kilometer till *[tvaw cheelomayter]*; **further down the road** längre nedåt vägen *[naydawt vaigen]*

fuse en säkring *[saikring]*; **the lights have fused** det har gått en propp *[day hahr gawtt ayn]*

fuse wire smälttråd(en) *[smelt-trawd]*

future framtid(en) *[framteed]*; **in future** hädanefter *[haidanefter]*

G

gale storm(en)

gallon *see page 121*

gallstones gallsten *[gallstayn]*

gamble spela hasard *[spayla hassahrd]*; **I don't gamble** jag spelar inte hasard *[yah ... inteh]*

game spel(et) *[spayl]*; (*children's*) lek(en) *[layk]*; (*sport*) match(en); (*chess*) ett parti *[pahrtee]*; (*animal, meat*) vilt(et) *[veelt]*

games room spelsal(en) *[spaylsahl]*

gammon rökt skinka *[rurkt shinka]*

garage (*for fuel*) bensinmack(en) *[bensseenmack]*; (*for repair*) bilverkstad(en) *[beelvairkstahd]*; (*for parking*) garage(t) *[garahsh-eh]*

garbage sopor *[sōōpōōr]*

garden trädgård(en) *[traidgawrd]*

garlic vitlök(en) *[veetlurk]*

gas gas *[gahss]*; (*gasoline*) bensin(en) *[bensseen]*

gas cylinder gasflaska(n) *[gahssflaska]*

gasket en packning

gas pedal gaspedal(en) *[gahsspedahl]*

gas permeable lenses syrepermeabla kontaktlinser *[süruh-pairmuh-ahbla kontakt-linsser]*

gas station bensinstation(en)

[bensseen-stashōōn]

gas tank bensintank(en) *[bensseen-tank]*

gastroenteritis gastroenterit *[gastro-entereet]*

gate grind *[grinnd]*; (*at airport*) utgång(en) *[ōtgawng]*

gauge mätare(n) *[maitar-eh]*

gay (*homosexual*) en bög *[burg]*

gear växel(n) *[vexel]*; **the gears keep sticking** växlarna kärvar *[vexlarna chairvar]*

gearbox växellåda(n) *[vexel-lawda]*; **I have gearbox trouble** växellådan krånglar *[krawnglar]*

gear lever, gear shift växelspak(en) *[vexel-spahk]*

general delivery poste restante *[pawst restant]*

generous: that's very generous of you det är verkligen generöst av dig *[day ay vairkleegen shaynerurst ahv day]*

gentleman (*man*) en herre *[herr-eh]*; **that gentleman over there** herrn därborta *[herruhn dairbawrta]*; **he's such a gentleman** han är en sån gentleman *[han ay ayn sawn*

yentelman]
gents (*toilet*) herrar *[herrar]*
genuine äkta *[ekta]*
German tysk *[tüsk]*; (*language*) tyska *[tüska]*
German measles röda hund *[rurda hoond]*
Germany Tyskland *[tüskland]*
get: have you got ...? har du ... *[hahr dœ]*; **how do I get to ...?** hur kommer man till ...? *[hœr kommer]*; **where do I get it from?** var kan jag få tag på det? *[vahr kan yah faw tahg paw day]*; **can I get you a drink?** vill du ha något att dricka? *[vill dœ hah nawgot att dricka]*; **will you get it for me?** kan du skaffa mig det? *[skaffa may day]*; **when do we get there?** när kommer vi fram? *[nair ... vee]*; **I've got to ...** jag måste ... *[yah mawsteh]*; **I've got to go** jag måste gå *[gaw]*; **where do I get off?** var ska jag stiga av? *[yah steega ahv]*; **it's difficult to get to** det är svårt att komma dit *[day ay svawrt ... deet]*; **when I get up** (*in the morning*) när jag stiger upp *[nair yah steeger oopp]*
ghastly hemsk
ghost ett spöke *[spurk-eh]*
giddy: it makes me giddy det gör mig yr *[day yurr may ür]*
gift en present *[pressent]*
gigantic jättelik *[yettuhleek]*
gin gin *[yin]*; **a gin and tonic** en gin och tonic *[ock tawnnik]*
girl en flicka
girlfriend en flickvän *[flickven]*
give: will you give me ...? kan du ge mig ...? *[kan dœ yay may]*; **I'll give you 100 kronor** jag ger dig 100 kronor *[yah yayr day hoondra krōōnōōr]*; **I gave it to him** jag gav honom det/den *[yah gahv honom day/dayn]*; **will you give it back?** ger du tillbaka det/den? *[dœ tillbahka]*; **would you give this to ...?** vill du ge det/den här till ...? *[yay day/den hair]*
glad glad *[glahd]*
glamorous (*woman*) tjusig *[chœsseeg]*
gland en körtel *[churrtel]*
glandular fever körtelfeber *[churrtel-fayber]*
glass ett glas *[glahss]*; **a glass of water**

ett glas vatten
glasses glasögon *[glahssurgon]*
glassworks ett glasbruk *[glahssbrœk]*
gloves handskar
glue (*noun*) klister
gnat knott *[k-nott]*
go (*on foot*) gå *[gaw]*; (*in vehicles*) åka *[awka]*; **we want to go to ...** vi vill gå/åka till ... *[vee]*; **I'm going there tomorrow** jag ska gå/åka dit imorgon *[yah ... deet eemorron]*; **when does it go?** (*bus etc*) när går den? *[nair gawr dayn]*; **where are you going?** vart ska du gå/åka? *[vahrt ska dœ]*; **let's go** nu går/åker vi *[nœ]*; **he's gone** han har gått/åkt *[han hahr gawtt/awkt]*; **it's all gone** det är slut *[day ay slœt]*; **I went there yesterday** jag gick/åkte dit igår *[yah yick/awkteh deet eegawr]*; **a hotdog to go** en varm korv för avhämtning *[ayn vahrm korv furr ahvhemtning]*; **go away!** gå din väg! *[gaw deen vaig]*; **it's gone off** (*milk etc*) det/den har surnat *[hahr sœrnat]*; **we're going out tonight** vi ska gå ut ikväll *[œt eekvell]*; **do you want to go out tonight?** tänker du gå ut ikväll? *[tenker]*; **has the price gone up?** har priset gått upp? *[hahr preesset gawt oopp]*
goal (*sport*) mål *[mawl]*
goat get *[yayt]*
goat's cheese getost *[yaytōōst]*
god gud *[gœd]*
goddess gudinna *[gœdinna]*
gold guld *[goold]*
golf golf
golf clubs golfklubbor *[golfkloobbor]*
golf course golfbana *[golfbahna]*
good bra *[brah]*; **good!** bra!; **that's no good** det går inte *[day gawr inteh]*; **good heavens!** himmel!
goodbye adjö *[a-yur]*
good-looking snygg *[snügg]*
gooey (*food etc*) kladdig
goose en gås *[gawss]*
gooseberries krusbär *[kroossbair]*
gorgeous underbar *[oonderbahr]*
Gothenburg Göteborg *[yurtehbawry]*
Gothic gotisk
gourmet en finsmakare *[feensmahkareh]*
gourmet food mat för finsmakare

[maht furr feensmahkareh]

government regering(en) *[rayayring]*

gradually så småningom *[saw smawningom]*

grammar grammatik(en) *[grammateek]*

gram(me) ett gram; *see page 119*

granddaughter (*paternal*) en sondotter *[sawndotter]*; (*maternal*) en dotterdotter

grandfather (*paternal*) en farfar *[farfahr]*; (*maternal*) en morfar *[mōorfahr]*

grandmother (*paternal*) en farmor *[fahrmōor]*; (*maternal*) en mormor *[mōormōor]*

grandson (*paternal*) en sonson *[sawnsawn]*; (*maternal*) en dotterson *[dottersawn]*

grapefruit en grapefrukt *[graypfrookt]*

grapefruit juice grapefruktjuice(n) *[graypfrooktyōoss]*

grapes druvor *[drōovōor]*

grass gräs(et) *[graiss]*

grateful tacksam *[tackssam]*; **I'm very grateful to you** jag är dig mycket tacksam *[yah ay day mückeh]*

gravy sås(en) *[sawss]*

gray grå *[graw]*

grease fett(et)

greasy (*food*) fet *[fayt]*

great stor *[stōor]*; **that's great!** det är fint! *[day ay feent]*

Great Britain Storbritannien *[stōorbritahnee-en]*

Greece Grekland *[graykland]*

greedy girig *[yeerig]*; (*for food*) glupsk *[gloopsk]*

green grön *[grurn]*

green card (*insurance*) försäkringsbevis(et) *[furrshaikringss-beveess]*

greengrocer en grönsaksaffär *[grurnsahkss-affair]*

grey grå *[graw]*

grilled grillad

gristle (*on meat*) brosk(et)

grocer en livsmedelsaffär *[leevssmaydelss-affair]*

ground mark(en) *[marrk]*; **on the ground** på marken *[paw]*, **on the ground floor** på bottenvåningen *[bottenvawningen]*

ground beef köttfärs(en) *[churtfairsh]*

group en grupp *[groopp]*

group insurance gruppförsäkring(en) *[grooppfurrshaikring]*

group leader gruppledare(n) *[groopplaydareh]*

guarantee (*noun*) garanti(n) *[garantee]*; **is it guaranteed?** är den under garanti? *[ay dayn oonder]*

guardian (*of child*) en förmyndare *[furrmündareh]*

guest en gäst *[yest]*

guesthouse en gäststuga *[yest-stōoga]*

guest room ett gästrum *[yestroom]*

guide en vägvisare *[vaigveessareh]*

guidebook en handbok *[handbōok]*

guilty skyldig *[shüldig]*

guitar gitarr(en) *[yitarr]*

Gulf of Bothnia Bottniska Viken *[botniska veeken]*

gum tandkött(et) *[tandchurt]*; (*chewing gum*) tuggummi(t) *[toog-goomee]*

gun ett skjutvapen *[shtvahpen]*

gymnasium gymnastiklokal(en) *[yümnasteek-lōokahl]*

gyn(a)ecologist gynekolog(en) *[yünekolawg]*

H

hair hår(et) *[hawr]*

hairbrush en hårborste *[hawr-bawrshteh]*

haircut en klippning; **just an ordinary haircut please** bara en vanlig klippning, tack *[bahra ayn vahnlig]*

hairdresser *(for men)* frisör(en) *[fressurr]*; *(for women)* hårfrisörska(n) *[hawr-freessurrshka]*

hairdryer en hårtork *[hawrtawrk]*

hair foam hårskum(met) *[hawrskoom]*

hair gel hårgelé(t) *[hawrshelay]*

hair grip ett hårspänne *[hawr-spenneh]*

hair lacquer hårsprej(en) *[hawrspray]*

half halv; **half an hour** en halvtimme *[halvtimmeh]*; **a half portion** en halvportion *[halvpawrtshoon]*; **half a litre/liter** en halv liter; **half as much** hälften så mycket *[helften saw mückeh]*; **half as much again** hälften så mycket igen *[eeyen]; see page 118*

halfway: halfway to Stockholm halvvägs till Stockholm *[halv-vaigss]*

ham skinka(n) *[shinka]*

hamburger en hamburgare *[hambooryareh]*

hammer en hammare *[hammareh]*

hand en hand; **will you give me a hand?** kan du hjälpa mig? *[kan doo yelpa may]*

handbag en handväska *[handveska]*

hand baggage handbagage(t) *[handbagahsh]*

handbrake handbroms(en) *[handbrawmss]*

handicraft hemslöjd *[hemsluryd]*

handkerchief en näsduk *[naiss-dook]*

handle *(noun)* ett handtag *[handtahg]*; *(of cup)* ett öra *[urra]*; **will you handle it?** tar du hand om det? *[tahr doo ... day]*

hand luggage handbagage(t) *[handbagahsh]*

handmade handgjord *[hand-yoord]*

handsome stilig *[steelig]*

hanger *(for clothes)* en hängare *[hengareh]*

hangover baksmälla(n) *[bahksmella]*; **I've got a terrible hangover** jag har en hemsk baksmälla *[yah hahr ayn]*

happen hända *[henda]*; **how did it happen?** hur hände det? *[hoor hendeh day]*; **what's happening?** vad står på? *[vah stawr paw]*; **it won't happen again** det ska inte hända igen *[day ska inteh ... eeyen]*

happy lycklig *[lücklig]*; **we're not happy with the room** vi är inte nöjda med rummet *[vee ay inteh nur-y-da med roommet]*

harbo(u)r hamn(en) *[ham-n]*

hard *(substance)* hård *[hawrd]*; *(difficult)* svår *[svawr]*

hard-boiled egg ett hårdkokt ägg *[hawrdkookt egg]*

hard lenses hårda kontaktlinser *[hawrda kawntakt-linnsser]*

hardly knappast *[k-nappast]*; **hardly ever** nästan aldrig *[nestan aldreeg]*

hardware store en järnaffär *[yairn-affair]*

harm *(noun)* skada(n) *[skahda]*

hassle: it's too much hassle det är för mycket krångel *[day ay furr mückeh krawngel]*; **a hassle-free trip** en problemfri resa *[ayn problaymfree rayssa]*

hat en hatt

hate: I hate ... jag avskyr ... *[yah ahvshür]*

have ha *[hah]*; **do you have ...?** har du ...? *[hahr doo]*; *(in shop etc)* finns det ...? *[finnss day]*; **can I have ...?** kan jag få ...? *[kan yah faw]*; **can I have some water?** kan jag få litet vatten? *[leeteh vatten]*; **I have ...** jag har ...; **I don't have ...** jag har inte ... *[inteh]*; **can we have breakfast in our room?** kan vi få frukost på rummet? *[kan vee faw frookost paw roommet]*; **have another** ta en till

[tah ayn]; **I have to leave early** jag måste gå tidigt *[yah mawsteh gaw teedigt]*; **do I have to ...?** måste jag ...?; **do we have to ...?** måste vi ...?
see page 113

hay fever hösnuva(n) *[hur-snœva]*

he han; **is he here?** är han här? *[ay han hair]*; **where does he live?** var bor han? *[vahr bōōr]*; *see page 111*

head huvud(et) *[hœvood]*; **we're heading for Uppsala** vi är på väg till Uppsala *[vee ay paw vaig]*

headache huvudvärk(en) *[hœvood-vairk]*

headlights strålkastare *[strawl-kastareh]*

headphones hörlurar *[hurr-lœrar]*

head waiter hovmästare(n) *[hawv-mestareh]*

head wind motvind(en) *[mōōtvind]*

health hälsa(n) *[helssa]*; **your health!** skål! *[skawl]*

healthy sund *[soond]*

hear höra *[hurra]*; **can you hear me?** hör du mig? *[hurr dœ may]*; **I can't hear you** jag hör dig inte *[yah hurr day inteh]*; **I've heard about it** jag har hört talas om det *[yah hahr hurrt tahlas om day]*

hearing aid en hörapparat *[hurr-apparaht]*

heart hjärta(t) *[yairta]*

heart attack en hjärtattack *[yairt-attack]*

hearts (*cards*) hjärter *[yairter]*

heat värme(n) *[vairmeh]*; **not in this heat!** inte i den här värmen! *[inteh ee dayn hair]*

heated rollers varma hårrullar *[vahrma hawr-roollar]*

heater (*in car*) värmare(n) *[vairmareh]*; (*in room*) ett värmeelement *[vairmeh-aylement]*

heating uppvärmning(en) *[oopp-vairmning]*

heat rash värmeutslag(en) *[vairmeh-œtslahg]*

heat stroke värmeslag(et) *[vairmeh-slahg]*

heatwave värmebölja(n) *[vairmeh-burlya]*

heavy tung *[toong]*

hectic jäktig *[yektig]*

heel (*of foot*) häl(en) *[hail]*; (*of shoe*) klack(en); **could you put new heels on these?** kan du sätta nya klackar på dom här? *[kan dœ setta nüa klackar paw dom hair]*

heelbar en klackbar

height (*of person*) längd(en) *[lengd]*; (*of mountain*) höjd(en) *[hur-y-d]*

helicopter en helikopter *[haylee-kopter]*

hell helvete(t) *[helvayteh]*; **oh hell!** jä-klar också! *[yœklar ōksaw]*, **go to hell!** dra åt helvete! *[drah awt]*

hello hej! *[hay]*; (*in surprise*) nejmen hej! *[naymen hay]*; (*on phone*) hallå *[hallaw]*

helmet (*for motorcycle*) en störthjälm *[sturrt-yelm]*

help (*verb*) hjälpa *[yelpa]*; **can you help me?** kan du hjälpa mig? *[kan dœ ... may]*; **thanks for your help** tack för hjälpen *[furr]*; **help!** hjälp!

helpful: he was very helpful han var väldigt hjälpsam *[han vahr veldigt yelpssam]*; **that's helpful** det var hjälpsamt *[day]*

helping en portion *[pawrtshōōn]*

hepatitis hepatit *[hepateet]*

her: I don't know her jag känner henne inte *[yah chenner henneh inteh]*; **will you send it to her?** kan du skicka det till henne? *[kan dœ shicka day]*; **it's her** det är hon *[day ay hōōn]*; **with her** med henne; **for her** för henne *[furr]*; **that's her suitcase** det är hennes resväska *[henness rayssveska]*; *see pages 110, 111*

herbs örter *[urrter]*

here här *[hair]*; **here you are** (*giving something*) varsågod *[vahr-shaw-gōōd]*; **here he comes** här kommer han; **come here** kom hit *[heet]*

herring en sill

hers hennes *[henness]*; **that's hers** det är hennes *[day ay]*; *see page 112*

hey! hallå där! *[hallaw dair]*

hi! (*hello*) hej! *[hay]*

hiccups hicka(n)

hide gömma *[yurmma]*

hideous gräslig *[graisslig]*

high hög *[hurg]*

highbeam helljus(et) *[hayl-yœss]*

highchair hög barnstol *[hurg bahrnstōōl]*

highlighter (*cosmetic*) highlighter

highway huvudled(en) *[hœvoodlayd]*
hiking fotvandring(en) *[fōotvandring]*
hill en kulle *[koolleh]*; (*mountain*)
berg(et); **it's further up the hill** det
ligger längre uppåt kullen *[day
ligger lengreh ooppawt]*
hillside bergsluttning(en) *[bair-y-
slootning]*
hilly backig
him: I don't know him jag känner
honom inte *[yah chenner honom
inteh]*; **will you send it to him?** vill
du skicka det till honom? *[vill dœ
shicka day]*; **it's him** det är han *[ay
han]*; **with him** med honom; **for
him** för honom *[furr]*; *see page 111*
hip en höft *[hurft]*
hire hyra *[hüra]*; **can I hire a car?**
kan jag få hyra en bil? *[kan yah faw
hüra ayn beel]*; **do you hire them
out?** hyr du ut dem? *[hür dœ œt
dom]*
his: it's his drink det är hans drink
[day ay hanss]; **it's his** det är hans;
see pages 110, 112
history: the history of Stockholm
Stockholms historia *[histōoree-a]*
hit slå *[slaw]*; **he hit me** han slog till
mig *[han slōog till may]*; **I hit my
head** jag slog i huvudet *[yah slōog
ee hœvoodet]*
hitch: is there a hitch? har det hakat
upp sig? *[hahr day hahkat oopp say]*
hitch-hike lifta
hitch-hiker en liftare *[liftareh]*
hit record en hitskiva *[hit-sheeva]*
hole ett hål *[hawl]*
holiday semester(n) *[semestair]*; (*day
off*) en fridag *[freedahg]*; **I'm on
holiday** jag är på semester *[yah ay
paw]*
Holland Holland
home hem; **at home** hemma; (*in my
country*) hos oss *[hōoss]*; **at Karin's
home** hos Karin; **I go home to-
morrow** jag åker hem imorgon *[yah
awker hem eemorron]*; **home sweet
home** hem ljuva hem *[yœva]*
home address hemadress(en)
homemade hemgjord *[hem-yōōrd]*
homesick: I'm homesick jag längtar
hem *[yah lengtar]*
honest ärlig *[airlig]*
honestly? är det säkert? *[ay day

saikert]*
honey honung(en) *[hawnoong]*
honeymoon en smekmånad *[smayk-
mawnad]*; **it's our honeymoon** vi är
på smekmånad *[vee ay paw]*
honeymoon suite smekmånads-
svit(en) *[smaykmawnadss-sveet]*
hood (*of car*) motorhuv(en) *[mōotōor-
hœv]*
hoover (*tm*) en dammsugare *[damm-
sœgareh]*
hope hoppas; **I hope so** jag hoppas
det *[yah hoppas day]*; **I hope not** det
hoppas jag inte *[inteh]*
horn (*of car*) ett signalhorn
[signahlhōorn]
horrible avskyvärd *[ahvshü-vaird]*
hors d'oeuvre förrätt(en) *[furr-rett]*
horse en häst *[hest]*
horse riding ridning(en) *[reedning]*
hose (*for car radiator*) slang(en)
hospital ett sjukhus *[shœkhœss]*
hospitality gästfrihet(en) *[yest-free-
hayt]*; **thank you for your hospital-
ity** tack för gästfriheten *[furr]*
hostel vandrarhem(met)
hot varm *[vahrm]*; (*curry etc*) krydd-
stark *[krüddstahrk]*; **I'm hot** jag är
varm *[yah ay]*; **something hot to eat**
något varmt att äta *[nawgot ... aita]*;
it's so hot today det är så varmt
idag *[day ay saw ... eedahg]*
hotdog en varmkorv *[vahrmkorv]*
hotel ett hotell *[hōotell]*; **at my hotel**
på mitt hotell *[paw]*
hotel clerk receptionist(en) *[rayssep-
shōonist]*
hotplate (*on cooker*) platta(n)
hot-water bottle en varmvattensflaska
[vahrmvattens-flaska]
hour en timme *[timmeh]*; **on the hour**
på slaget *[paw slahget]*
house ett hus *[hœss]*
housewife en husmor *[hœssmōor]*
house wine husets vin *[hœssets veen]*
hovercraft en svävare *[svaivareh]*
how hur *[hœr]*; **how many?** hur
många? *[mawnga]*; **how much?** hur
mycket? *[mückeh]*; **how often?** hur
ofta?; **how are you?** hur mår du?
[mawr dœ]; **how do you do?** hur
står det till? *[stawr day]*; **how about
a beer?** vad sägs om en öl? *[vah
sayss om ayn url]*; **how nice!** så

trevligt! *[saw trayvligt]*; **would you show me how to?** vill du visa mig hur man gör? *[vill dœ veessa may hœr man yurr]*

humidity fukt(en) *[fookt]*

humo(u)r: where's your sense of humo(u)r? har du inget sinne för humor? *[dœ inget sinneh furr hœmor]*

hundredweight *see page 120*

hungry: I'm hungry jag är hungrig *[yah ay hoongrig]*; **I'm not hungry** jag är inte hungrig *[inteh]*

hurry: I'm in a hurry jag har bråttom *[yah hahr brawttom]*; **hurry up!** skynda på! *[shünda paw]*; **there's no hurry** det är ingen brådska *[day ay ingen brawdska]*

hurt: it hurts det gör ont *[day yurr ōōnt]*; **my back hurts** jag har ont i ryggen *[yah hahr ōōnt ee rüggen]*

husband: my husband min man *[meen]*

hydrofoil en bärplansbåt *[bairplahnsbawt]*

I

I jag *[yah]*; **I am English** (*man*) jag är engelsman *[ay]*; (*woman*) jag är engelska; **I live in Manchester** jag bor i Manchester *[bōōr ee]*; *see page 111*

ice is(en) *[eess]*; **with ice** med is; **with ice and lemon** med is och citron *[ock sitrōōn]*

ice cream en glass

ice-cream cone en glasstrut *[glassstrœt]*

iced coffee iskaffe(t) *[eess-kaffeh]*

ice lolly en isglass *[eess-glass]*

ice-skating skridskoåkning(en) *[skreedskōō-awkning]*

idea en idé *[eeday]*; **good idea!** det var en bra idé! *[day vahr ayn brah]*

ideal idealisk *[iday-ahlisk]*

identity papers legitimationshandlingar *[laygitimashōōns-handlingar]*

idiot en idiot *[idee-ōōt]*

idyllic idyllisk *[idüllisk]*

if om; **if you could** om du kunde *[dœ koondeh]*; **if not** om inte *[inteh]*

ignition tändning(en) *[tendning]*

ill sjuk *[shœk]*; **I feel ill** jag mår dåligt *[yah mawr dawligt]*

illegal olaglig *[ōōlahglig]*

illegible oläslig *[ōōlaisslig]*

illness en sjukdom *[shœkdōōm]*

imitation (*leather etc*) konst-

immediately omedelbart *[ōōmaydelbahrt]*

immigration invandring(en)

import (*verb*) importera *[importayra]*

important viktig; **it's very important** det är mycket viktigt *[day ay mückeh]*; **it's not important** det har ingen betydelse *[day hahr ingen betüdelseh]*

impossible omöjlig *[ōōmur-y-lig]*

impressive imponerande *[impawnayrandeh]*

improve: it's improving det blir allt bättre *[day bleer allt bettreh]*; **I want to improve my Swedish** jag vill bättra på min svenska *[yah vill bettra paw meen]*

improvement förbättring(en) *[furrbettring]*

in: in my room i mitt rum *[ee mitt room]*; **in the town centre** i stadscentrum *[stahds-sentroom]*; **in London** i London; **in one hour's time** om en timme *[ayn timmeh]*; **in August** i augusti *[agoostee]*; **in English/Swedish** på engelska/svenska *[paw]*; **is he in?** är han inne? *[ay han inneh]*

inch en tum *[toom]*; *see page 119*

include inbegripa *[inbegreepa]*; **is that included in the price?** är det inbegripet i priset? *[ay day inbegreepet ee preesset]*

incompetent inkompetent

inconvenient besvärlig *[besvairlig]*

increase (*noun*) ökning(en) *[urkning]*
incredible otrolig *[ōōtrōōlig]*
indecent oanständig *[ōō-anstendig]*
independent oberoende *[ōōberōō-endeh]*
India Indien *[indéé-én]*
Indian (*adjective*) indisk; (*man*) en indier *[indee-er]*; (*woman*) en indiska
indicator (*on car*) en körriktningsvisare *[chur-riktnings-veessareh]*
indigestion matsmältningsbesvär(en) *[mahtsmeltnings-besvair]*
indoor pool en inomhusbassäng *[inomhœoss-basseng]*
indoors inomhus *[inomhœoss]*
industry industri(n) *[indoostree]*
inefficient ineffektiv *[ineffekteev]*
infection en infektion *[infekshōōn]*
infectious smittsam
inflammation en inflammation *[inflammashōōn]*
inflation inflation(en) *[inflashōōn]*
informal (*dress*) kavaj *[kavah-y]*; (*occasion, meeting*) utan formaliteter *[œtan fawrmalitayter]*
information information(en) *[informashōōn]*
information desk informationen *[informashōōnen]*
information office ett informationskontor *[informashōōns-kawntōōr]*
injection en injektion *[inyekshōōn]*
injured skadad *[skahdad]*; **she's been injured** hon är skadad *[hōōn ay]*
injury en skada *[skahda]*
in-law: my in-laws (*said by man*) min hustrus släkt *[meen hoostrœss slekt]*; (*said by woman*) min mans släkt
innocent oskyldig *[ōōshüldig]*
inquisitive frågvis *[frawgveess]*
insect en insekt
insect bite ett insektsbett
insecticide ett insektsmedel *[insekts-maydel]*
insect repellent ett insektsmedel *[insektsmaydel]*
inside: inside the tent inuti tältet *[inœtee teltet]*; **let's sit inside** ska vi sätta oss därinne? *[ska vee setta oss dairinneh]*
insincere falsk
insist: I insist jag insisterar *[yah insistayrar]*
insomnia sömnlöshet(en) *[surmnlurss-hayt]*
instant coffee snabbkaffe(t) *[snabb-kaffeh]*
instead istället *[eestellet]*; **I'll have that one instead** jag tar den där istället *[yah tahr dayn dair]*; **instead of ...** istället för ... *[furr]*
insulating tape isolerband(et) *[eessolayrband]*
insulin insulin(et) *[insœleen]*
insult en förolämpning *[furr-ōōlempning]*
insurance en försäkring *[furrshaik-ring]*; **write the name of your insurance company here** skriv namnet på försäkringsbolaget här *[skreev namnet paw furrshaikrings-bōōlahget hair]*
insurance policy försäkringsbrev(et) *[furrshaikrings-brayv]*
intellectual en intellektuell *[intellektœ-ell]*
intelligent intelligent *[intelligent]*
intentional: it wasn't intentional det var inte avsiktligt *[day vahr inteh ahvsiktligt]*
interest intresse *[intresseh]*; **places of interest** sevärdheter *[sayvairdhayter]*
interested: I'm very interested in ... jag är mycket intresserad av ... *[yah ay mückeh intressayrad ahv]*
interesting intressant *[intressant]*; **that's very interesting** det var verkligen intressant *[day vahr vairkligen]*
international internationell *[interna-shōōnell]*; **international driving licence/driver's license** ett internationellt körkort *[churrkōōrt]*
interpret tolka; **would you interpret?** vill du tolka? *[vill dœ]*
interpreter en tolk
intersection en vägkorsning *[vaig-kawrshning]*
interval paus(en) *[pa-ooss]*
into in i *[ee]*; **I'm not into that** (*don't like*) jag gillar inte det *[yah yillar inteh day]*
introduce: may I introduce ...? får jag presentera ...? *[fawr yah pressentayra]*
introverted inåtvänd *[inawtvend]*
invalid en invalid *[invaleed]*
invalid chair en rullstol *[roollstōōl]*
invitation en inbjudan *[in-b-yœdan]*;

thank you for the invitation tack för
inbjudan *[furr]*
invite bjuda *[b-yooda]*; can I invite
you out? får jag bjuda ut dig? *[fawr
yah b-yooda oot day]*
involved: I don't want to get in-
volved in it jag vill inte bli in-
blandad i det *[yah vill inteh blee
inblandad ee day]*
iodine jod(en) *[yodd]*
Ireland Irland *[eerland]*
Irish irländsk *[eerlendsk]*
Irishman en irländare *[eerlendareh]*
Irishwoman en irländska *[eerlendska]*
iron *(material)* järn(et) *[yairn]*; *(for
clothes)* ett strykjärn *[strükyairn]*;
can you iron these for me? vill du
stryka de här åt mig? *[vill doo
strüka dom hair awt may]*

ironmonger en järnhandel *[yairn-
handel]*
is är *[ay]*; *see page 113*
island en ö *[ur]*
isolated isolerad *[eessolayrad]*
it det *[day]*; is it ...? är det ...? *[ay]*;
where is it? var är det ...? *[vahr]*;
it's her det är hon *[hoon]*; it was ...
det var ...; that's just it *(just the prob-
lem)* det är just det *[day ay yoosteh]*;
111
Italian italiensk *[italee-aynsk]*; *(man)*
en italienare *[italee-aynareh]*; *(wom-
an)* en italienska *[italee-aynska]*
Italy Italien *[itahlee-en]*
itch: it itches det kliar *[day klee-ar]*
itinerary en resrutt *[rayss-root]*

J

jack *(for car)* en domkraft *[doomkraft]*
jacket en jacka *[yacka]*
jam sylt(en) *[sült]*; a traffic jam en
trafikstockning *[trafeek-stockning]*; I
jammed on the brakes jag tvärnitade
[yah tvairneetadeh]
January januari *[yanuahree]*
jaundice gulsot(en) *[goolsoot]*
jaw käke(n) *[chaikeh]*
jazz jazz(en) *[jass]*
jazz club en jazzklubb *[jasskloobb]*
jealous svartsjuk *[svahrt-shook]*
jeans jeans(en) *[yeenss]*
jellyfish en manet *[manayt]*
jetlag: I'm/he's suffering from jetlag
jag/han lider av jetlag *[yah/han leeder
ahv yetlag]*
jet-set jet-set(tet) *[yet-set]*
jetty brygga(n) *[brügga]*
Jew *(man)* en jude *[yoodeh]*; *(woman)*
en judinna *[yoodinna]*
jewel(le)ry smycken *[smücken]*
Jewish judisk *[yoodisk]*
jiffy: just a jiffy på ett litet kick *[paw
ett leetet keeck]*
job ett jobb *[yobb]*; just the job! *(just
right)* precis rätt! *[prayseess rett]*; it's

a good job you told me! det var tur
du talade om det för mig! *[day vahr
toor doo tahladeh om day furr may]*
jog: I'm going for a jog jag ska ut
och jogga *[yah ska oot ok yogga]*
jogging joggning(en) *[yoggning]*
join: I'd like to join jag skulle vilja
gå med *[yah skoolleh vilya gaw]*; can
I join you? *(go with)* får jag följa
med? *[fawr yah furlya]*; *(sit with)* får
jag slå mig ner? *[slaw may nayr]*; do
you want to join us? *(go with)* vill du
följa med? *[vill doo]*; *(sit with)* vill du
inte slå dig ner? *[inteh slaw day]*
joint *(in body)* led(en) *[layd]*; *(to smoke)*
en knarkpinne *[k-nahrkpinneh]*
joke ett skämt *[shemt]*; you've got to
be joking! nu skojar du väl! *[noo
skaw-yar doo vail]*; it's no joke det är
inget skämt *[day ay inget]*
jolly: it was jolly good det var
väldigt bra *[day vahr veldigt brah]*;
jolly good! det var bra!
journey en resa *[rayssa]*; have a good
journey! trevlig resa! *[trayvlig]*; safe
journey! lycklig resa! *[lücklig]*
jug en kanna; a jug of water en

kanna vatten
July juli *[yoolee]*
jump: you made me jump du fick
mig att hoppa till *[doo fick may]*;
jump in! *(to car)* hoppa in!
jumper en jumper *[yoomper]*
jump leads, jumper cables kontakt-
förband(et) *[kawntakt-furrband]*
junction *(road)* ett mot *[mōōt]*
June juni *[yoonee]*
junk *(rubbish)* skräp(et) *[skraip]*
just: just one bara en *[bahra ayn]*;
just me bara jag *[yah]*; **just for me**

bara för min skull *[furr meen
skooll]*; **just a little** bara litet grann
[leeteh]; **just here** just här *[yoost
hair]*; **not just now** inte just nu
[inteh yoost noo]; **that's just right**
det är lagom *[day ay lahgom]*; **it's
just as good** det är precis lika bra
[prayseess leeka brah]; **he was here
just now** han var här alldeles nyss
[vahr hair aldayless nüss]; **I've only
just arrived** jag har nyss kommit
[yah hahr nüss kommit]

K

kagul ett regnplagg *[rengn-plagg]*
keen: I'm not keen jag är inte pigg
på det *[yah ay inteh pigg paw day]*
keep: can I keep it? får jag behålla
det? *[fawr yah behawlla day]*; **please
keep it** behåll det; **keep the change**
behåll växeln *[vexeln]*; **will it keep?**
(food) håller det sig? *[hawller day
say]*; **it's keeping me awake** det
håller mig vaken *[may vahken]*; **it
keeps on breaking** det går sönder
ideligen *[day gawr surnder
eedeligen]*; **I can't keep anything
down** *(food)* jag får inte behålla nå-
gonting *[yah fawr inteh ...
nawgonting]*
kerb trottoarkant(en) *[trottaw-ahr-
kant]*
kerosene fotogen(en) *[fōōtōōshayn]*
ketchup ketchup(en)
kettle en vattenkittel *[vatten-chittel]*
key en nyckel *[nückel]*
kid: the kids ungarna *[oongarna]*; **I'm
not kidding** jag menar allvar *[yah
maynar allvahr]*
kidneys njurar(na) *[n-yoorar]*
kill döda *[durda]*; **my feet are killing
me** jag tror fötterna ramlar av *[yah
trōōr furtterna ramlar ahv]*
kilo ett kilo *[cheelo]*; *see page 120*
kilometre, kilometer en kilometer
[cheelomayter]; *see page 119*
kind: that's very kind det var verkli-

gen snällt *[day vahr vairkligen snellt]*;
this kind of ... den här sortens ...
[dayn hair sawrtens]
king kung(en) *[koong]*
kiosk en kiosk *[chee-osk]*
kiss en kyss *[chüss]*; *(verb)* kyssa
kitchen kök(et) *[churk]*
kitchenette en kokvrå *[kōōk-vraw]*
Kleenex *(tm)* pappersnäsdukar
[pappersh-naissdookar]
knee knä(t) *[k-nai]*
kneecap knäskål(en) *[k-naiskawl]*
knickers trosor *[trōōssōōr]*
knife en kniv *[k-neev]*
knitting *(material)* stickning(en)
knitting needles stickor *[stickor]*
**knock: there's a knocking noise from
the engine** motorn knackar
[mōōtōōrn k-nackar]; **he's had a
knock on the head** han har fått ett
slag i huvudet *[han hahr fawtt ett
slahg ee hoovoodet]*; **he's been
knocked over** han har blivit
omkullslagen *[bleevit omkoollslahgen]*
knot *(in rope)* en knut *[k-noot]*
know *(somebody)* känna *[chenna]*; *(a city
etc)* känna till; *(something)* veta
[vayta]; **do you know a good
restaurant?** vet du någon bra restau-
rang? *[vayt doo nawgon]*; **who
knows?** vem vet?; **I didn't know that**
det visste jag inte *[day vissteh yah
inteh]*; **I don't know** jag vet inte

L

label en etikett *[eteekett]*

laces skosnören *[skōōsnurren]*

lacquer (nail) hårspr(en) *[hawrspray]*

ladies (room) damtoalett(en) *[dahm-tōōalett]*

lady en dam *[dahm]*; **ladies and gentlemen!** mina damer och herrar! *[meena dahmer ock herrar]*

lager en pilsner; **a lager and lime** en pilsner med litet 'lime' *[leeteh]*

lake en sjö *[shur]*

lamb lamm(et)

lamp en lampa

lamppost en lyktstolpe *[lüktstolpeh]*

lampshade en lampskärm *[lamp-shairm]*

land (*not sea*) land; **when does the plane land?** när landar planet? *[nair landar plahnet]*

landscape landskap(et) *[landskahp]*

lane (*on motorway*) en fil *[feel]*; (*in city*) en gränd *[grend]*; **a country lane** en landsväg *[landss-vaig]*

language språk(et) *[sprawk]*

language course en språkkurs *[sprawk-koorsh]*

Lapland Lappland

Lapp (*adjective*) samisk *[sahmisk]*; (*man*) en same *[sahmeh]*; (*woman*) en samekvinna *[sahmeh-kvinna]*

large stor *[stōōr]*

laryngitis strupkatarr(en) *[strōōp-katarr]*

last sista *[seesta]*; **when's the last bus?** när går sista bussen? *[nair gawr ... boossen]*; **one last drink** ett sista glas *[glahss]*; **last year** i fjol *[ee f-yōōl]*; **last Wednesday** i onsdags *[ōōnssdahgss]*; **last night** igår kväll *[eegawr kvell]*; **when were you last in London?** när var du senast i London? *[nair vahr dōō saynast]*; **at last!** äntligen! *[entligen]*; **how long does it last?** hur länge varar det? *[hōōr lengeh vahrar day]*

last name efternamn(et)

late sen *[sayn]*; **sorry I'm late** förlåt att jag är sen *[furrlawt att yah ay]*; **don't be late** kom inte för sent *[kom inteh furr shaynt]*; **the bus was late** bussen var sen *[boossen vahr shayn]*; **we'll be back late** vi kommer tillbaka sent *[vee kommer tillbahka]*; **it's getting late** det börjar bli sent *[day burryar blee]*; **is it that late!** är klockan så mycket! *[ay klockan saw mückeh]*; **it's too late now** det är för sent nu *[day ay furr shaynt nōō]*; **I'm a late riser** jag är en sjusovare *[yah ay ayn shōōsawvareh]*

lately på sista tiden *[paw seesta teeden]*

later senare *[saynareh]*; **later on** senare; **I'll come back later** jag kommer tillbaka senare *[yah kommer tillbahka]*; **see you later** vi ses senare *[vee sayss]*; **no later than Tuesday** senast torsdag *[saynast]*

latest: the latest news senaste nytt *[saynasteh nütt]*; **at the latest** senast

laugh skratta; **don't laugh** skratta inte *[inteh]*; **it's no laughing matter** det är inget att skratta åt *[day ay inget ... awt]*

launderette, laundromat tvätto-mat(en) *[tvettomaht]*

laundry (*clothes*) tvätt(en) *[tvett]*; (*place*) en tvättinrättning *[tvettinrett-ning]*; **could you get the laundry done?** kan du se till att tvätten blir klar? *[kan dōō say ... bleer klahr]*

lavatory toalett(en) *[tōōalett]*

law lag(en) *[lahg]*; **against the law** mot lagen *[mōōt]*

lawn gräsmatta(n) *[graissmatta]*

lawyer en advokat *[advokaht]*

laxative ett laxermedel *[laxayrmaydel]*

lay-by en restplats

laze around: I just want to laze around jag vill bara lata mig *[yah vill bahra lahta may]*

lazy lat *[laht]*; **don't be lazy** var inte

lat *[vahr inteh]*; **a nice lazy holiday** en lättjefull semester *[ayn lettyehfooll semestair]*

lead (*electric*) ledning(en) *[laydning]*; **where does this road lead?** vart leder den här vägen? *[vahrt layder dayn hair vaigen]*

leaf ett löv *[lurv]*

leaflet en broschyr *[brawshür]*; **do you have any leaflets on ...?** finns det broschyrer om ...? *[finnss day]*

leak läcka *[lecka]*; **the roof leaks** taket läcker *[tahket]*

learn: I want to learn ... jag vill lära mig ... *[yah vill laira may]*

learner: I'm just a learner jag är bara nybörjare *[yah ay bahra nüburryareh]*

lease leasa

least: not in the least inte det minsta *[inteh day minsta]*; **at least 50** minst 50

leather skinn(et) *[shinn]*

leave: when does the bus leave? när går bussen? *[nair gawr boossen]*; **I leave tomorrow** jag åker imorgon *[yah awker eemorron]*; **he left this morning** han åkte i morse *[han awkteh ee morsheh]*; **may I leave this here?** får jag lämna det här? *[fawr yah lemna day hair]*; **I left my bag in the bar** jag glömde kvar min väska i baren *[yah glurmdeh kvahr meen veska ee bahren]*; **she left her bag here** hon lämnade kvar väskan här *[hoon lemnadeh kvahr veskan hair]*; **leave the window open please** låt fönstret vara öppet *[lawt furnstret vahra urppet]*; **there's not much left** det är inte mycket kvar *[day ay inteh mückeh kvahr]*; **I've hardly any money left** jag har knappt några pengar kvar *[yah hahr k-nappt nawgra pengar]*; **I'll leave it up to you** jag överlåter det åt dig *[yah urverlawter day awt day]*

lecherous vällustig *[vail-loostig]*

left vänster *[venster]*; **on the left** till vänster

left-hand drive vänsterstyrd *[vensterstürd]*

left-handed vänsterhänt *[vensterhent]*

left luggage office effektförvaring(en) *[effektfurrvahring]*

leg ben(et) *[bayn]*

legal laglig *[lahglig]*

legal aid rättshjälp(en) *[retts-yelp]*

lemon en citron *[sitrōōn]*

lemonade en sockerdricka

lemon tea citronté *[sitrōōn-tay]*

lend: would you lend me your ...? vill du låna mig din ...? *[vill dōō lawna may deen]*

lens objektiv(et) *[obyekteev]*; (*contact*) kontaklins(en) *[kontakt-linsser]*

lens cap objektivskydd(et) *[obyekteev-shüdd]*

Lent fasta(n) *[fassta]*

lesbian en lesbisk kvinna

less: less than an hour mindre än en timme *[mindreh enn ayn timmeh]*; **less than that** mindre än så *[saw]*; **less hot** inte så varmt *[inteh saw vahrmt]*

lesson en lektion *[lekshōōn]*; **do you give lessons?** ger du lektioner? *[yayr dōō]*

let: would you let me use it? skulle du låta mig använda den? *[skoolleh dōō lawta may anvenda dayn]*; **will you let me know?** vill du meddela mig? *[meddayla may]*; **I'll let you know** jag meddelar dig *[yah ... day]*; **let me try** låt mig försöka *[lawt may furrshurka]*; **let me go!** släpp mig! *[slepp may]*; **let's leave now** vi går härifrån nu *[vee gawr hairifrawn nōō]*; **let's not go yet** vi behöver väl inte gå än *[vee behurver vail inteh gaw enn]*; **will you let me off at ...?** kan du släppa av mig vid ...? *[kan dōō sleppa ahv may veed]*; **rooms to let** rum att hyra *[room att hüra]*

letter (*in mail*) ett brev *[brayv]*; (*of alphabet*) en bokstav *[bōōkstav]*; **are there any letters for me?** är det någon post till mig? *[ay day nawgon posst till may]*

letterbox brevlåda(n) *[brayvlawda]*

lettuce sallad(en) *[sahllahd]*

level crossing en plankorsning *[plahn-korshning]*

lever (*noun*) en spak *[spahk]*

liable (*responsible*) ansvarig *[ansvahrig]*

liberated: a liberated woman en frigjord kvinna *[free-yōōrd]*

library ett bibliotek *[bibliotayk]*

licence, license tillstånd(et)

[tillstawnd]; *(driving)* körkort(et) *[churrkōōrt]*

license plate nummerplåt(en) *[noommerplawt]*

lid lock(et)

lie *(untruth)* en lögn *[lurng-n]*; **can he lie down for a while?** får han ligga och vila en stund? *[fawr han ligga ok veela ayn stoond]*; **I want to go and lie down** jag vill ligga och vila *[yah]*

lie-in: I'm going to have a lie-in tomorrow jag tänker ha sovmorgon imorgon *[yah tenker hah sawvmorron eemorron]*

life liv(et) *[leev]*; **not on your life!** aldrig i livet! *[ee]*; **that's life!** sånt är livet! *[sawnt ay]*

lifebelt livbälte(t) *[leevbelteh]*

lifeboat en livbåt *[leevbawt]*

lifeguard *(on beach)* en strandvakt

life insurance en livförsäkring *[leevfurrshaikring]*

life jacket en flytväst *[flütvest]*

lift *(in hotels etc)* en hiss; **could you give me a lift?** får jag åka med? *[fawr yah awka med]*; **do you want a lift?** vill du ha skjuts? *[vill dœ hah shooss]*; **thanks for the lift** tack för skjutsen *[furr shoossen]*; **I got a lift** jag fick skjuts

light *(noun)* ljus(et) *[yœss]*; *(not heavy)* lätt *[lett]*; **the light was on** ljuset var tänt *[yœsset vahr tent]*; **do you have a light?** har du eld? *[hahr dœ eld]*; **a light meal** en lätt måltid *[ayn lett mawlteed]*; **light blue** ljusblå *[yœssblaw]*

light bulb en glödlampa *[glurdlampa]*

lighter *(cigarette)* en tändare *[tendareh]*

lighthouse en fyr *[für]*

light meter en ljustmätare *[yœssmaitareh]*

lightning en blixt

like: I'd like a ... jag skulle vilja ha en ... *[yah skoolleh vilya hah ayn]*; **I'd like to ...** jag skulle vilja ...; **would you like a ...?** vill du ha en ...? *[dœ]*; **would you like to come too?** vill du också följa med? *[ocksaw furlya]*; **I'd like to** jag skulle gärna vilja *[yairna]*; **I like it** jag tycker om det *[yah tücker om day]*; **I like you** jag tycker om dig *[day]*; **I**

don't like it jag tycker inte om det *[inteh]*; **he doesn't like it** han tycker inte om det; **do you like ...?** tycker du om ...?; **I like swimming** jag tycker om att simma; **OK, if you like** kör till då *[churr till daw]*; **what's it like?** hurdant är det? *[hœrdant ay day]*; **do it like this** gör så här *[yurr saw hair]*; **one like that** en sådan *[ayn sawdan]*

lilo *(tm)* en luftmadrass *[looftmadrass]*

lime cordial, lime juice limejuice *['lime'-yōōss]*

line *(on paper, of people)* en rad *[rahd]*; *(tel)* linje(n) *[linyeh]*; **would you give me a line?** *(tel)* kan jag få linjen? *[kan yah faw]*

linen *(beds)* sänglinne(t) *[senglinneh]*

linguist en språkvetare *[sprawkvaytareh]*; **I'm no linguist** jag är ingen språkmänniska *[yah ay ingen sprawkmennisha]*

lining ett foder *[fooder]*

lip läppe(n) *[leppeh]*

lip brush en läppensel *[lepp-penssel]*

lip gloss läppglans(en) *[lepp-glanss]*

lip pencil läppenna *[lepp-penna]*

lip salve cerat(et) *[sayraht]*

lipstick ett läppstift *[lepp-stift]*

liqueur en likör *[leekurr]*

liquor sprit(en) *[spreet]*

liquor store Systembolaget *[süstaymbōōlahget]*

list en lista

listen: I'd like to listen to ... jag skulle vilja lyssna på ... *[yah skoolleh vilya lüssna paw]*; **listen!** hör på! *[hurr]*

litre, liter en liter *[leeter]*; *see page 120*

litter *(rubbish)* skräp(et) *[skraip]*

little litet *[leeteh]*; **just a little, thanks** bara litet, tack *[bahra]*; **just a very little** bara litet grann; **a little cream** litet grädde *[greddeh]*; **a little more** litet mer *[mayr]*; **a little better** litet bättre *[bettreh]*; **that's too little** *(not enough)* det är för litet *[day ay furr]*

live bo *[bōō]*; **I live in ...** jag bor i ... *[yah bōōr ee]*; **where do you live?** var bor du? *[vahr bōōr dœ]*; **where does he live?** var bor han?; **we live together** vi bor ihop *[vee bōōr eehōōp]*; **as long as I live** så länge

jag lever [saw lengeh yah layver]
lively (person, town) livlig [leevlig]
liver lever(n) [layver]
loaf en limpa
lobby (of hotel) entré(n) [angtray]
lobster en hummer [hoommer]
local: a local newspaper en lokaltidning [lōōkahl-teedning]; **a local restaurant** en restaurang på orten [restawrang paw ōōrten]
lock (noun) lås(et) [lawss]; **it's locked** det är låst [day ay]; **I've locked myself out of my room** jag har låst mig ute från rummet [yah hahr lawsst may ooteh frawn roommet]
locker ett skåp [skawp]
log: I slept like a log jag sov som en stock [yah sawv som ayn]
log cabin en sportstuga [sportstooga]
lollipop en slickepinne [slickehpinneh]
lonely ensam [aynssam]; **are you lonely?** känner du dig ensam? [chenner doo day]
long lång [lawng]; **how long does it take?** hur lång tid tar det? [hoor lawng teed tahr day]; **is it a long way?** är det långt? [ay day]; **a long time** länge [lengeh]; **I won't be long** jag kommer strax; **don't be long** dröj inte länge [drur-y inteh]; **that was long ago** det var för länge sedan [day vahr furr lengeh sayn]; **I'd like to stay longer** jag skulle vilja stanna längre [yah skoolleh vilya stanna lengreh]; **long time no see!** det var länge sedan!; **so long!** hej så länge! [hay saw]
long distance call ett rikssamtal [reeks-samtahl]
loo: where's the loo? var är toan? [vahr ay tōō-an]; **I want to go to the loo** jag vill gå på toa [yah vill gaw paw]
look: that looks good det ser fint ut [day sayr feent oot]; **you look tired** du ser trött ut [trurt]; **you don't look your age** åren syns inte på dig [awren sünss inteh paw day]; **look at him** titta på honom [teetta]; **I'm looking for ...** jag tittar efter ... [yah]; **I'm just looking, thanks** jag bara tittar, tack [yah bahra]; **look out!** se upp! [say oopp]; **can I have**

a look? får jag titta? [fawr yah]; **can I have a look around?** får jag se mig omkring? [say may omkring]
loose (button, handle etc) lös [lurss]
loose change småpengar [smawpengar]
lorry en lastbil [lastbeel]
lorry driver en lastbilschaufför [lastbeels-shawfurr]
lose tappa; **I've lost my ...** jag har tappat min ... [yah hahr tappat meen]; **I'm lost** jag har kommit vilse [kommit vilsseh]
lost property office, lost and found hittegodsexpedition(en) [hittehgōōds-expedishōōnen]
lot: a lot, lots mycket [mückeh]; **not a lot** inte mycket [inteh]; **not a lot of people** inte mycket folk [follk]; **a lot of money** mycket pengar; **a lot of women** en massa kvinnor; **a lot cooler** mycket svalare [svahlareh]; **I like it a lot** jag tycker mycket om det [yah tücker ... day]; **is it a lot further?** är det mycket längre? [ay day mückeh lengreh]; **I'll take the whole lot** jag tar alltihop [yah tahr allteehōōp]
lotion en lösning [lurssning]
loud hög [hurg]; **the music is rather loud** musiken är ganska hög [moosseeken ay ganska]
lounge (in house) vardagsrum(met) [vahrdahgsroom]; (in hotel) sällskapsrum(met) [sellskahpsroom]
lousy (bad) urusel [ōōroossel]
love: I love you jag älskar dig [yah elskar day]; **he's fallen in love** han har blivit kär [han hahr bleevit chair]; **I love Sweden** jag älskar Sverige [svayree-eh]; **let's make love** ska vi älska? [ska vee]
lovely härlig [hairlig]; (person) vacker
low (prices, bridge) låg [lawg]
low beam halvljus(et) [halv-yōōss]
LP en LP [el-pay]
luck tur(en) [tōōr]; **hard luck!** vilken otur! [ōōtōōr]; **good luck!** lycka till! [lücka]; **just my luck!** det är min vanliga tur! [day ay meen vahnliga]; **it was pure luck** det var rena turen [day vahr rayna]
lucky: that's lucky! det var tur! [day var tōōr]

lucky charm en amulett *[amoolett]*
luggage bagage(t) *[bagahsh]*
lumbago ryggskott(et) *[rüggskott]*
lump (*medical*) en knöl *[k-nurl]*

lunch lunch(en) *[loonsh]*
lungs lungor(na) *[loongōōr]*
luxurious lyxig *[lüxig]*
luxury lyx(en) *[lüx]*

M

macho tuff *[tooff]*
mad tokig *[tōōkig]*
madam: excuse me, madam ursäkta
mig *[ωrshekta may]*
magazine en tidskrift *[teedskrift]*
magnificent storartad *[stōōrahrtad]*
maid (*hotel*) städerska(n) *[staidershka]*
maiden name flicknamn(et)
[flicknam-n]
mail post(en) *[posst]*; **is there any
mail for me?** är det någon post till
mig? *[ay day nawgon ... may]*; **where
can I mail this?** var kan jag posta
det här? *[vahr kan yah possta day
hair]*
mailbox en brevlåda *[brayvlawda]*
main huvud- *[hωvood]*; **where's the
main post office?** var ligger hu-
vudpostexpeditionen? *[vahr ligger
hωvoodpost-expedishōōnen]*
main road huvudväg(en) *[hωvood-
vaig]*
make göra *[yurra]*; **do you make
them yourself?** gör du dem själv?
[yurr dω dom shelv]; **it's very well
made** det är mycket välgjort *[day ay
mückeh vailyōōrt]*; **what does that
make altogether?** vad kostar det
sammanlagt? *[vah kostar day
sammanlagt]*; **I make it only 500
crowns** enligt min uträkning blir det
bara 500 kronor *[aynligt meen
ωtraikning bleer day bahra]*
make-up makeup(en)
make-up remover rengörings-
kräm(en) *[raynyurrings-kraim]*
male chauvinist pig en mullig mans-
gris *[moolig manssgreess]*
man en man
manager föreståndare(n) *[furreh-
stawndareh]*; **may I see the
manager?** får jag tala med före-

ståndaren? *[fawr yah tahla]*
manicure manikyr(en) *[manikür]*
many många *[mawnga]*
map: a map of ... en karta över ...
[ayn kahrta]; **it's not on this map**
det finns inte på den här kartan
[day finnss inteh paw dayn hair]
marble (*noun*) marmor(n) *[marmōōr]*
March mars *[marsh]*
marijuana marijuana
mark: there's a mark on it det finns
ett märke på den *[day finnss ett
mairkeh paw dayn]*; **could you mark
it on the map for me?** kan du
markera det åt mig på kartan? *[dω
markayra day awt may paw kahrtan]*
market (*noun*) en marknad
marmalade marmelad(en) *[marme-
lahd]*
married: are you married? är du
gift? *[ay dω yift]*; **I'm married** jag är
gift *[yah ay]*
mascara mascara(n)
mass: I'd like to go to mass jag vill
gå i mässan *[yah vill gaw ee messan]*
mast en mast *[masst]*
masterpiece ett mästerverk *[mester-
vairk]*
matches tändstickor *[tendstickor]*
material (*cloth*) tyg(et) *[tüg]*
matter: it doesn't matter det gör
inget *[day yurr inget]*; **what's the
matter?** hur är det fatt? *[hωr ay]*
mattress en madrass
maximum ett maximum; **a maximum
of 2000 crowns/10 days** maximalt
2000 kronor/10 dagar *[maxeemahlt]*
May maj *[mah-y]*
may: may I have another bottle? kan
jag få en flaska till? *[kan yah faw ayn
flaska]*; **may I?** får jag? *[fawr yah]*
maybe kanske *[kansheh]*; **maybe not**

kanske inte *[inteh]*

mayonnaise majonnäs(en) *[mah-yonais]*

me mig *[may]*; **come with me** följ med mig *[furl-y]*; **it's for me** det är till mig *[day ay]*; **it's me** det är jag *[yah]*; **me too** jag också *[yah ocksaw]*; *see page 111*

meal måltid *[mawlteed]*; **that was an excellent meal** det var en utmärkt måltid *[day vahr ayn ωtmairkt]*; **does that include meals?** är måltiderna inräknade? *[ay mawlteederna inraiknadeh]*

mean: what does this word mean? vad betyder det ordet? *[vah betüder day ōōrdet]*; **what does he mean?** vad menar han? *[maynar]*

measles mässlingen *[messlingen]*

measurements mått(en) *[mott]*

meat kött(et) *[churt]*

mechanic: do you have a mechanic here? finns det en reparatör här? *[finnss day ayn rayparaturr hair]*

medicine medicin(en) *[maydiseen]*

medieval medeltida *[maydel-teeda]*

Mediterranean Medelhavet *[maydel-hahvet]*

medium (*adjective*) medel- *[maydel-]*

medium-rare blodig *[blōōdig]*

medium-sized medelstor *[maydel-stōōr]*

meet träffa *[treffa]*; **pleased to meet you** angenämt! *[an-yehnaimt]*; **where shall we meet?** var ska vi träffas? *[vahr ska vee]*; **let's meet up again** ska vi träffas igen? *[eeyen]*

meeting ett möte *[murteh]*

meeting place en mötesplats *[murtessplatss]*

melon en melon *[maylōōn]*

melt smälta *[smelta]*

member en medlem; **I'd like to become a member** jag vill gärna bli medlem *[yah vill yairna blee]*

men män *[men]*

mend: can you mend this? kan du laga det här *[kan dω lahga day hair]*

men's room herrtoalett(en) *[hair-tōōalett]*

mention: don't mention it ingen orsak *[ingen ōōrshahk]*

menu matsedel(n) *[mahtsaydel]*; **may I have the menu please?** kan jag få

matsedeln? *[kan yah faw]*

mess: it's a mess det är en riktig röra *[day ay ayn riktig rurra]*

message: are there any messages for me? är det några meddelanden till mig? *[ay day nawgra med-daylanden till may]*; **I'd like to leave a message for ...** jag vill lämna ett meddelande till ... *[yah vill lemna]*

metal (*noun*) metall(en)

metre, meter en meter *[mayter]*; *see page 119*

midday: at midday vid middagstiden *[veed middahgs-teeden]*

middle: in the middle i mitten *[ee mitten]*; **in the middle of the road** mitt på vägen *[paw vaigen]*

midnight: at midnight vid midnatt *[veed]*

midnight sun midnattssol(en) *[midnatts-sōōl]*

might: I might want to stay another 3 days jag kanske vill stanna 3 dagar till *[yah kansheh vill stanna tray dahgar till]*; **you might have warned me!** du kunde väl ha varnat mig! *[dω koondeh vail hah vahrnat may]*

migraine migrän(en) *[meegrain]*

mild (*taste, weather*) mild *[milld]*

mile mil(en) *[meel]*; **that's miles away!** det är långt borta! *[day ay lawngt borta]*; *see page 119*

mileometer en vägmätare *[vaig-maitareh]*

military (*adjective*) militär *[meelitair]*

milk mjölk(en) *[m-yurlk]*

milkshake en milkshake

millimetre, millimeter en millimeter *[millimayter]*

minced meat köttfärs(en) *[churtfairsh]*

mind: I don't mind jag har inget emot *[yah hahr inget emōōt]*; **would you mind if I ...?** har du något emot om jag ...? *[hahr dω nawgot]*; **never mind** det gör inget! *[day yurr]*; **I've changed my mind** jag har ändrat mig *[yah hahr endrat may]*

mine: it's mine den är min *[dayn ay meen]*; *see page 112*

mineral water mineralvatten *[minayrahlvatten]*

minimum minimal *[mineemahl]*; **a minimum of 2000 crowns/10 days**

minst 2000 kronor/10 dagar
mint (*sweet*) en mintkaramell
minus minus *[meenooss]*; **minus 3 degrees** 3 minusgrader *[meenooss-grahder]*
minute en minut *[minoot]*; **in a minute** strax; **just a minute** ett ögonblick *[ett urgonblick]*
mirror en spegel *[spaygel]*
Miss Fröken *[frurken]*
miss: I miss you jag saknar dig *[yah saknar day]*; **there's a ... missing** det saknas en ... *[day saknass ayn]*; **we missed the bus** vi missade bussen *[vee missadeh boossen]*
mist dis(et) *[deess]*
mistake ett misstag *[misstahg]*; **I think there's a mistake here** jag tror det har blivit ett misstag *[yah troor day hahr bleevit]*
misunderstanding ett missförstånd *[missfurrshtawnd]*
mixture en blandning
mix-up: there's been some sort of mix-up with ... det har blivit en förväxling med ... *[day hahr bleevit ayn furrvexling]*
modern *[modairn]*
modern art modern konst
moisturizer fuktighetskräm(en) *[fooktighayts-kraim]*
moment: I won't be a moment jag kommer om ett ögonblick *[yah kommer om ett urgonblick]*
monastery ett kloster
Monday måndag *[mawndahg]*
money pengar; **I don't have any money** jag har inga pengar *[yah hahr inga]*; **do you take English/American money?** tar du engelska/amerikanska pengar? *[tahr doo engelska/amayreekahnska]*
month en månad *[mawnad]*
monument ett monument *[monooment]*
moon måne(n) *[mawneh]*
moorings förtöjningar *[furrtur-y-ningar]*
moose en älg *[ell-y]*
moped en moped *[moopayd]*
more mer *[mayr]*; **may I have some more?** kan jag få litet mer? *[kan yah faw leeteh]*; **more water, please** litet mer vatten, tack; **no more,**

thanks tack, inte mer *[inteh]*; **more expensive** dyrare *[dürareh]*; **more than 50** mer än 50 *[enn]*; **more than that** mer än det *[day]*; **a lot more** mycket mer *[mückeh]*; **not any more** (*no longer*) inte längre *[lengreh]*; **I don't stay there any more** jag bor inte där längre *[yah boor inteh dair]*
morning morgon(en) *[morron]*; **good morning** god morgon *[good]*; **this morning** idag på morgonen *[eedahg paw]*; **in the morning** (*breakfast time*) på morgonen; (*later, towards midday*) på förmiddagen *[furrmiddahgen]*
mosquito en mygga *[mügga]*
most: I like this one most jag tycker mest om den här *[yah tücker mayst om dayn hair]*; **most of the time** mestadels *[maystadayls]*; **most hotels** de flesta hotell *[dom flaysta hootell]*; **most Swedes** de flesta svenskar
mother: my mother min mor *[meen moor]*
motif (*in pattern*) motiv(et) *[moteev]*
motor en motor *[mootoor]*
motorbike en motorcykel *[mootoor-sükel]*
motorboat en motorbåt *[mootoorbawt]*
motorist en motorförare *[mootoor-furrareh]*
motorway en motorväg *[mootoorvaig]*
motor yacht en motorkryssare *[mootoorkrüssareh]*
mountain ett fjäll *[f-yell]*; **up in the mountains** uppe i fjällen *[ooppeh ee f-yellen]*; **a mountain village** en fjällby *[f-yell-bü]*
mouse en mus *[mooss]*
moustache en mustasch *[moostahsh]*
mouth en mun *[moon]*
move: he's moved to another hotel han har flyttat till ett annat hotell *[han hahr flüttat ... annat hootell]*; **could you move your car?** kan du flytta din bil? *[kan doo ... deen beel]*
movie en film; **let's go to the movies** ska vi gå på bio? *[ska vee gaw paw bee-oo]*
movie camera en filmkamera *[filmkahmayra]*
movie theater en biograf *[bee-oo-grahf]*
moving: a very moving tune en stämningsfull melodi *[stemningsfooll**

maylodee]
Mr herr *[hairr]*
Mrs fru *[frœ]*
Ms: Ms Birgit Nilsson Birgit Nilsson
much mycket *[mückeh]*; **much better**
mycket bättre *[bettrch]*, **much cooler**
mycket svalare *[svahlareh]*; **not much**
inte mycket *[inteh]*; **not so much**
inte så mycket *[saw]*
muffler (*on car*) ljuddämpare(n)
[yœd-dempareh]
mug: I've been mugged jag har blivit
rånad *[yah hahr bleevit rawnad]*
muggy (*weather*) kvalmigt
mumps påssjuka(n) *[pawss-shœka]*
murals en väggmålning *[veggmawl-
ning]*
muscle en muskel *[mooskel]*
mushrooms (*edible*) champinjoner

[shampinyōōner]
music musik(en) *[mœsseek]*; **guitar
music** gitarrmusik(en) *[yitarr-
mœsseek]*; **do you have the sheet
music for ...?** har du noterna till ...?
[hahr dœ nōōterna]
musician en musiker *[mœsseeker]*
mussels musslor *[mooslōōr]*
must: I must ... jag måste ... *[yah
mawsteh]*; **I mustn't drink ...** jag får
inte dricka ... *[yah fawr inteh]*; **you
mustn't forget** du får inte glömma
[dœ fawr inteh glurmma]
mustache en mustasch *[moostahsh]*
mustard senap(en) *[saynap]*
my min *[meen]*; *see page 110*
myself: I'll do it myself jag gör det
själv *[yah yurr day shelv]*

N

nail (*of finger*) en nagel *[nahgel]*; (*in
wood*) en spik *[speek]*
nail clippers en nagelsax *[nahgelsax]*
nail file en nagelfil *[nahgelfeel]*
nail polish nagellack(et) *[nahgellack]*
nail polish remover ett na-
gellacksborttagningsmedel *[nahgel-
lacks-borttahgnings-maydel]*
nail scissors en nagelsax *[nahgelsax]*
naked naken *[nahken]*
name ett namn *[nam-n]*; **what's your
name?** vad heter du? *[vah hayter
dœ]*; **what's its name?** vad heter
det? *[day]*; **my name is ...** jag heter
... *[yah]*
nap: he's having a nap han tar sig en
tupplur *[han tahr say ayn toop-lœr]*
napkin (*serviette*) en servett *[sairvett]*
nappy en blöja *[blur-ya]*
nappy-liners blöjinlägg *[blur-y-inlegg]*
narrow smal *[smahl]*
nasty otäck *[ōōteck]*
national nationell *[natshōōnell]*
nationality nationalitet(en) *[natshōōn-
alitayt]*
natural naturlig *[natœrlig]*
naturally (*of course*) naturligtvis

[natœrligtveess]
nature natur(en) *[natœr]*
nausea illamående(t) *[illamawendeh]*
near nära *[naira]*; **is it near here?** är
det i närheten? *[ay day ee
nairhayten]*; **near the window** nära
fönstret *[furnstret]*; **do you go near
...?** ska du i närheten av ...? *[ska dœ
... ahv]*; **where is the nearest ...?** var
finns närmaste ...? *[vahr finnss
nairmasteh]*
nearby i närheten *[ee nairhayten]*
nearly nästan *[nestan]*
nearside wheel hjulet närmast
vägkanten *[yœlet nairmast
vaigkanten]*
neat (*room etc*) prydlig *[prüdlig]*; (*drink*)
ren *[rayn]*
necessary nödvändig *[nurdvendig]*; **is
it necessary to ...?** är det nödvändigt
att ...? *[ay day]*; **it's not necessary**
det är inte nödvändigt *[inteh]*
neck hals(en)
necklace ett halsband
necktie en slips
need: I need a ... jag behöver en ...
[yah behurver ayn]; **do I need a ...?**

behöver jag någon ...? *[nawgon]*; **it needs more salt** det behöver saltas mer *[salltass mayr]*; **there's no need** det behövs inte *[behurvss inteh]*; **there's no need to shout!** det är inte nödvändigt att skrika! *[day ay inteh nurdvendigt att skreeka]*

needle en nål *[nawl]*

negative *(film)* ett negativ *[negateev]*

negotiations förhandlingar *[furrhand-lingar]*

neighbo(u)r en granne *[granneh]*

neighbo(u)rhood grannskap(et) *[grannskahp]*

neither: neither of us ingen av oss *[ahv]*; **neither one (of them)** ingendera *[ingendayra]*; **neither ... nor ...** varken ... eller ... *[vahrken]*; **neither do I** inte jag heller *[inteh yah]*; **neither does he** inte han heller

nephew: my nephew *(brother's son)* min brorson *[meen brōorshawn]*; *(sister's son)* min systerson *[süstershawn]*

nervous nervös *[nairvurss]*

net *(fishing, tennis)* ett nät *[net]*

nettle en nässla *[nessla]*

neurotic neurotisk *[nevrawtisk]*

neutral *(country etc)* neutral *[neh-ootrahl]*; *(gear)* friläge *[freelaigeh]*

never aldrig

new ny *[nü]*

news nyheter *[nühayter]*; **is there any news?** har det hänt något nytt? *[hahr day hent nawgot nütt]*

newspaper en tidning *[teedning]*; **do you have any English newspapers?** har du några engelska tidningar? *[hahr dōo nawgra engelska teedningar]*

newsstand ett tidningsstånd *[teednings-stawnd]*

New Year nyår(et) *[nü-awr]*; **Happy New Year** Gott Nytt År *[nütt awr]*

New Year's Eve nyårsafton *[nü-awrsh-afton]*

New Zealand Nya Zeeland *[nü-a sayland]*

New Zealander en nyzeeländare *[nüsaylendareh]*

next nästa *[nesta]*; **it's at the next corner** det är vid nästa hörn *[day ay veed nesta hurrn]*; **next week/ Monday** nästa vecka/måndag *[mawndag]*; **next to the post office**

intill Posten; **the one next to that** den intill *[dayn]*

nextdoor i huset bredvid *[ee hōosset braydveed]*

next of kin närmaste anhörig *[nairmasteh anhurrig]*

nice trevlig *[trayvlig]*; **that's very nice of you** det var snällt av dig *[day vahr snellt ahv day]*; **a nice cold drink** en härlig svalkande dryck *[ayn hairlig svalkandeh drück]*

nickname ett smeknamn *[smayk-nam-n]*

niece: my niece *(brother's daughter)* min brorsdotter *[meen brōorsh-dotter]*; *(sister's daughter)* min systerdotter *[süster-dotter]*

night natt(en); **for one night** för en natt *[furr ayn]*; **for three nights** för tre nätter *[tray netter]*; **good night** god natt *[gōod]*; **at night** på natten *[paw]*

nightcap *(drink)* en sängfösare *[sengfurssareh]*

nightclub nattklubb *[nattkloobb]*

nightdress ett nattlinne *[nattlinneh]*

night flight nattflyg(et) *[nattflüg]*

nightie ett nattlinne *[nattlinneh]*

night-life nattliv(et) *[nattleev]*

nightmare en mardröm *[mahrdrurm]*

night porter en nattportier *[nattpawrtchay]*

nits *(bugs in hair etc)* löss(en) *[lurss]*

no nej *[nay]*; **I've no money** jag har inga pengar *[yah hahr]*; **there's no soap** det finns ingen tvål *[day finnss ingen tvawl]*; **it's no problem** det är inget problem *[day ay inget problaym]*; **there's no more** det finns inget mer *[mayr]*; **no more than ...** inte mer än ... *[inteh mayr enn]*; **oh no!** *(upset)* nej!

nobody ingen

noise ett buller *[booler]*

noisy bullersam *[boollerssam]*; **it's too noisy** det är för bullersamt *[day ay furr]*

non-alcoholic alkoholfri *[alkohawl-free]*

none ingen; **none of them** ingen av dem *[ahv dom]*

nonsense dumheter *[doomhayter]*

non-smoking ej rökare *[ay rurkareh]*

non stop *(travel)* nonstop

no-one ingen
nor: nor do I inte jag heller *[inteh yah]*; **nor does he** inte han heller
normal normal *[normahl]*
north norr; **in the north** i norra de-
len *[cc ... daylen]*; **north of
Stockholm** norr om Stockholm; **to
the north** norrut *[norrœt]*
northeast nordöst *[noōrdurst]*; **in the
northeast** i nordöstra delen; **north-
east of** nordöst om; **to the northeast**
åt nordöst *[awt]*
Northern Ireland Nordirland
[noōrd-eerland]
Northern Lights norrsken(et)
[norrshayn]
North Sea Nordsjön *[noōrdshurn]*
northwest nordväst *[noōrdvest]*; **in
the northwest** i nordvästra delen
[daylen]; **northwest of** nordväst om;
to the northwest åt nordväst *[awt]*
Norway Norge *[nawr-yeh]*
Norwegian norsk *[nawrshk]*; *(man)* en
norrman *[nawrman]*; *(woman)* en
norska *[nawrshka]*; *(language)* norska;
the Norwegians norrmännen
[nawrmennen]
nose en näsa *[naissa]*; **my nose is
bleeding** jag har fått näsblod *[yah
hahr fawtt naissbloōd]*
not inte *[inteh]*; **I don't smoke** jag rö-
ker inte *[yah rurker]*; **he didn't**

arrive han kom inte fram; **it's not
important** det är inte viktigt *[day
ay]*; **not that one** inte den *[dayn]*;
not for me inte till mig *[may]*; *see
page 116*
note *(bank note)* en sedel *[saydel]*;
(written message etc) ett meddelande
[med-daylandeh]
notebook en anteckningsbok
[anteckningsboōk]
nothing ingenting
November november *[noōvembair]*
now nu *[nœ]*; **not now** inte nu *[inteh]*
nowhere ingenstans
nudist en nudist *[nœdeest]*
nudist beach nudistbad(et)
[nœdeestbahd]
nuisance: he's being a nuisance han
är besvärlig *[han ay besvairlig]*
numb *(limb etc)* domnad *[dawmnad]*
number *(figure)* en siffra; **what
number?** vilket nummer? *[noommer]*
number plates nummerskyltar
[noommer-shültar]
nurse en sjuksköterska *[shœk-
shurtairshka]*
nursery *(at airport etc, for children)* en
barnparkering *[bahrnpahrkayring]*
nut en nöt *[nurt]*; *(for bolt)* en mutter
[mootter]; **nuts** nötter *[nurter]*
nutter: he's a nutter han är en
knasboll *[han ay ayn knahssboll]*

O

oar en åra *[awra]*
obligatory obligatorisk *[obligatoōrisk]*
oblige: much obliged *(thank you)* tack
så mycket! *[saw mückeh]*
obnoxious avskyvärd *[ahvshüvaird]*
obvious: that's obvious det är själv-
klart *[day ay shelvklahrt]*
occasionally emellanåt *[aymellanawt]*
o'clock *see page 118*
October oktober *[oktoōbair]*
octopus en bläckfisk *[bleckfisk]*
odd *(strange)* underlig *[oonderlig]*;
(number) udda *[oodda]*
odometer en vägmätare *[vaig-

maitareh]
of av *[ahv]*; **have one of mine** ta en
av mina *[tah ayn ahv meena]*; **the
name of the hotel** namnet på ho-
tellet *[paw hoōtellet]*; **the title of the
book** bokens titel *[boōkens teetel]*;
the manager of the hotel hotellets
föreståndare; **south of Stockholm**
söder om Stockholm *[surder]*; **a
friend of yours** en vän till dig *[venn
till day]*; *see page 108*
off: 20% off 20% rabatt *[rabat]*; **the
lights were off** ljusen var släckta
[yœssen vahr sleckta]; **just off the**

main road strax intill huvudvägen
[*hœvoodvaigen*]

offend: don't be offended bli inte förolämpad [*blee inteh furrōōlempad*]

office ett kontor [*kawntōōr*]

officer (*said to policeman*) konstapeln [*kawnstahpeln*]

official (*noun*) en tjänsteman [*chensteh-man*]; **is that official?** är det officiellt? [*ay day offissee-ellt*]

off-licence Systembolaget [*sustaym-bōōlahget*]

off-season lågsäsong(en) [*lawg-saissong*]

off-side wheel hjulet mot vägbanan [*yœlet mōōt vaigbahnan*]

oil olja(n) [*awlya*]; **it's losing oil** det läcker olja [*day lecker*]; **will you change the oil?** kan du byta olja? [*kan dœ būta*]; **the oil light's flashing** oljevarningslampan blinkar [*awlyeh-vahrningslampan*]

oil painting en oljemålning [*awlyeh-mawlning*]

oil pressure oljetryck(et) [*awlyeh-trück*]

ointment en salva

OK OK [*okay*], bra [*brah*]; **are you OK?** hur är det med dig? [*hœr ay day med day*]; **that's OK thanks** det går bra, tack [*day gawr*]; **that's OK by me** gärna för mig [*yairna furr may*]; **is it OK?** går det bra?

old gammal; **how old are you?** hur gammal är du? [*hœr ... ay dœ*]

old-age pensioner en pensionär [*pangshōōnair*]

old-fashioned gammaldags [*gammaldahgss*]

old town gamla stan [*stahn*]

olive en oliv [*oleev*]

olive oil olivolja(n) [*oleev-awlya*]

omelet(t)e en omelett [*omelett*]

on på [*paw*]; **on the roof** på taket [*tahket*]; **on the beach** på stranden; **on Friday** på fredag [*fraydahg*]; **on television** på TV [*tay-vay*]; **I don't have it on me** jag har det inte med mig [*yah hahr day inteh med may*]; **this drink's on me** den här omgången bjuder jag på [*dayn hair omgawngen b-yœder yah paw*]; **a book on Stockholm** en bok om Stockholm [*ayn bōōk*]; **the warning**

light comes on varningslampan tänds [*vahrningslampan tendss*]; **the light was on** ljuset var tänt [*yœsset vahr tent*]; **what's on in town?** vad finns det att göra i stan? [*vah finnss day att yurra ee stahn*]; **it's just not on!** (*not acceptable*) det går bara inte! [*day gawr bahra inteh*]

once (*one time*) en gång [*ayn gawng*]; (*formerly*) förr [*furr*]; **at once** (*immediately*) genast [*yaynast*]

one en [*ayn*]; **that one** den/det [*dayn/day*]; **the green one** den gröna [*grurna*]; **the one with the black skirt** den i den svarta kjolen [*ee dayn svahrta chōōlen*]; **the one in the blue shirt** den i den blå skjortan [*blaw shōōrtan*]

onion en lök [*lurk*]

only bara [*bahra*]; **only one** bara en [*ayn*]; **only once** bara en gång [*gawng*]; **it's only 9 o'clock** klockan är bara 9 [*ay*]; **I've only just arrived** jag har nyss kommit [*yah hahr nüss kommit*]

open (*adjective*) öppen [*urppen*]; **when do you open?** när öppnar du? [*nair urppnar dœ*]; **in the open** (*in open air*) i det fria [*ee day free-a*]; **it won't open** den går inte att öppna [*dayn gawr inteh*]

opening times öppningsdags [*urppningsdahgss*]

open top (*car*) öppen [*urppen*]

opera en opera [*ōōpayra*]

operation (*medical*) en operation [*ōōperashœn*]

operator (*telephone*) telefonist(en) [*telefawneest*]

opportunity ett tillfälle [*tillfelleh*]

opposite: opposite the church mitt emot kyrkan [*emōōt chürkan*]; **it's directly opposite** det är precis mitt emot [*day ay praysseess*]

oppressive (*heat*) tryckande [*trückandeh*]

optician en optiker [*opteeker*]

optimistic optimistisk

optional frivillig [*freevillig*]

or eller

orange (*fruit*) en apelsin [*apelseen*]; (*colour*) orange [*oransh*]

orange juice apelsinjuice(n) [*apelseen-yōōss*]

orchestra en orkester
order: could we order now? får vi
beställa nu? *[fawr vee bestella nœ]*;
I've already ordered jag har redan
beställt *[yah hahr raydan]*; **I didn't
order that** det har jag inte beställt
[day ... inteh]; **it's out of order** *(lift
etc)* den/det är ur funktion *[dayn/day
ay œr foonkshōōn]*
ordinary vanlig *[vahnlig]*
organization en organisation
[organisashōōn]
organize organisera *[organisayra]*;
could you organize it? skulle du
kunna organisera det? *[skoolleh dœ
koonna ... day]*
original: is it an original? är det ett
original? *[ay day ett originahl]*
ornament en prydnadssak
[prüdnahds-sahk]
ostentatious prålig *[prawlig]*
other annan; **the other waiter** den
andre kyparen *[dayn andreh
chüparen]*; **the other one** den andre/
det andra *[day]*; **do you have any
others?** finns det några andra?
[finnss day nawgra]; **some other
time, thanks** kanske någon annan
gång *[kansheh nawgon annan gawng]*
otherwise annars *[annarsh]*
ouch! aj! *[ah-y]*
ought: he ought to be here soon han
borde vara här snart *[han bōōrdeh
vahra hair snahrt]*
ounce *see page 119*
our vår *[vawr]*; **our hotel** vårt hotell
[hōōtell]; **our suitcases** våra
resväskor *[vawra rayssveskor]*; *see
page 110*
ours vårt *[vawrt]*; **that's ours** det är
vårt *[day ay]*; *see page 112*
out ut *[œt]*; **he's out** han är ute *[han
ay œteh]*; **get out!** ut!; **I'm out of
money** mina pengar är slut *[meena
pengar ay slœt]*; **a few kilometres
out of town** några kilometer utanför

stan *[nawgra cheelomayter œtanfurr
stahn]*
outboard utombords- *[œtombōōrdss]*
outdoors utomhus *[œtomhœss]*
outlet uttag(et) *[œt-tahg]*
outside ute *[œteh]*; **can we sit out-
side?** kan vi sitta ute? *[kan vee]*
outskirts: on the outskirts of ... i
utkanten av ... *[ee œtkanten ahv]*
oven en ugn *[oong-n]*
over: over here här *[hair]*; **over there**
därborta *[dairbōōrta]*; **over 100** över
100 *[urver]*; **I'm burnt all over** jag
har bränt mig över hela kroppen
*[yah hahr brent may urver hayla
kroppen]*; **the holiday's over**
semestern är slut *[semestairn ay slœt]*
overcharge: you've overcharged me
du har tagit för mycket betalt *[dœ
hahr tahgit furr mückeh betahlt]*
overcoat en överrock *[urver-rock]*
overcooked kokt för länge *[kōōkt
furr lengeh]*
overexposed *(photograph)* över-
exponerad *[urverexponayrad]*
overheat: it's overheating *(car)* den
överhettas *[dayn urverhettas]*
overland landvägen *[landvaigen]*
overlook: overlooking the sea med
utsikt över havet *[œtsikt urver
hahvet]*
overnight *(travel)* över natten *[urver]*
oversleep: I overslept jag har förso-
vit mig *[yah hahr furrsawvit may]*
overtake köra om *[churra]*
overweight överviktig *[urverviktig]*
owe: how much do I owe you? hur
mycket är jag skyldig dig? *[hœr
mückeh ay yah shüldig day]*
own: my own ... min egen ... *[meen
aygen]*; **are you on your own?** är du
ensam? *[ay dœ aynssam]*; **I'm on my
own** jag är ensam *[yah]*
owner ägare(n) *[aigareh]*
oyster ett ostron *[ōōstrawn]*

P

pack: a pack of cigarettes ett paket
cigarretter *[pakayt seegaretter]*; I'll
go and pack jag går och packar *[yah
gawr ock]*

package ett paket *[pakayt]*

package holiday ett semesterpaket
[semesterpakayt]

package tour en paketresa *[pakayt-
rayssa]*

packed lunch matsäck(en) *[mahtseck]*

packed out: the place was packed
out det var fullpackat *[day vahr
foollpackat]*

packet ett paket *[pakayt]*; a packet of
cigarettes ett paket cigarretter
[seegaretter]

paddle (*noun*) en paddel

padlock ett hänglås *[heng-lawss]*

page (*of book*) en sida *[seeda]*; could
you page Mr ...? kan du söka herr
...? *[kan dœ surka]*

pain smärta(n) *[smairta]*; I have a
pain here det gör ont här *[day yurr
ōōnt hair]*

painful smärtsam *[smairtssam]*

painkillers ett smärtstillande medel
[smairt-stillandeh maydel]

paint målarfärg(en) *[mawlar-fair-y]*;
I'm going to do some painting
(*artist*) jag ska måla *[yah ska mawla]*

paintbrush en pensel

painting en målning *[mawlning]*

pair: a pair of ... ett par ... *[pahr]*

pajamas pyjamas(en) *[pü-yahmas]*

Pakistan Pakistan

Pakistani pakistansk; (*man*) en paki-
stanare *[pakistahnareh]*; (*woman*) en
pakistansk kvinna

pal en kompis *[kawmpeess]*

palace ett slott

pale blek *[blayk]*

pale blue ljusblå *[yœss-blaw]*

palpitations hjärtklappning(en)
[yairtklappning]

pancake en pannkaka *[pannkahka]*

panic: don't panic ingen panik!
[ingen paneek]

panties trosor *[trōōssōōr]*

pants (*trousers*) byxor *[büxōōr]*,
(*underpants*) kalsonger

panty girdle en trosgördel
[trōōssyurdel]

pantyhose strumpbyxor *[stroomp-
büxōōr]*

paper papper(et) (*newspaper*) en
tidning *[teedning]*; a piece of paper
ett papper

paper handkerchiefs pappersnäsdu-
kar *[pappairsh-naissdœkar]*

paraffin paraffin(et) *[paraffeen]*

parallel: parallel to ... parallellt
med ...

parasol ett parasoll

parcel ett paket *[pakayt]*

pardon (me)? (*didn't understand*)
förlåt? *[furrlawtt]*

parents: my parents mina föräldrar
[meena furreldrar]

parents-in-law svärföräldrar(na)
[svair-furreldrar]

park (*noun*) en park; where can I
park? var kan jag parkera? *[vahr kan
yah parkayra]*; there's nowhere to
park det finns ingenstans att parkera
[day finnss]

parka en parka

parking lights parkeringsljus(en)
[parkayrings-yœss]

parking lot en bilparkering
[beelparkayring]

parking place: there's a parking
place! där finns det en parkerings-
plats! *[dair finnss day ayn
parkayringplats]*

part (*noun*) en del *[dayl]*

partner (*boyfriend, girlfriend etc*) en
partner *[pahrtnair]*; (*in business*) en
kompanjon *[kompanyōōn]*

party (*group*) ett sällskap *[sellskahp]*;
(*celebration*) en fest; let's have a
party vi ordnar fest *[vee awrdnar]*

pass (*in mountains*) ett pass; (*verb:*

overtake) köra om *[churra]*; **he passed out** han tuppade av *[tooppadeh ahv]*; **he made a pass at me** han blev närgången *[han blayv nairgawngen]*
passable (*road*) framkomlig
passenger en passagerare *[passahshayrareh]*
passport ett pass
past: in the past i det förflutna *[ee day furrflootna]*; **just past the bank** när man kommit förbi banken *[nair man kommit furrbee]*; *see page 118*
pastry (*dough*) pajdeg(en) *[pah-ydayg]*; (*small cake*) ett bakverk *[bahkvairk]*
patch: could you put a patch on this? kan du sätta på en lapp här? *[kan doo setta paw ayn lapp hair]*
pâté pastej(en) *[pastay]*
path en stig *[steeg]*
patient: be patient ha tålamod *[hah tawlamood]*
patio uteplats(en) *[ooteh-plats]*
pattern ett mönster *[murnster]*; **a dress pattern** ett klänningsmönster *[klenningsmurnster]*
paunch en isterbuk *[isterbook]*
pavement (*sidewalk*) trottoar(en) *[trottaw-ahr]*
pay (*verb*) betala *[betahla]*; **can I pay, please?** kan jag få betala? *[kan yah faw]*; **it's already paid for** det är redan betalt *[day ay raydan betahlt]*; **I'll pay for this** jag betalar det här *[yah ... hair]*
pay phone en telefonautomat *[telefawn-awtomaht]*
peace and quiet lugn och ro *[loong-n ock roo]*
peach en persika *[pairshika]*
peanuts jordnötter *[yoordnurtter]*
pear ett päron *[pairon]*
pearl en pärla *[pairla]*
peas ärter *[airter]*
peculiar underlig *[oonderlig]*
pedal (*noun*) pedal(en) *[pedahl]*
pedestrian en fotgängare *[footyengareh]*
pedestrian crossing ett övergångsställe *[urvergawngs-stelleh]*
pedestrian precinct gågata(n) *[gawgahta]*
pee: I need to go for a pee jag måste gå och kissa *[yah mawsteh gaw ock]*

peeping Tom en fönstertittare *[furnsterteetareh]*
peg (*washing*) klädnypa(n) *[klaidnüpa]*; (*tent*) tältpinne(n) *[teltpinneh]*
pen penna(n); **do you have a pen?** har du en penna? *[hahr doo ayn]*
pencil en blyertspenna *[blü-airtspenna]*
penfriend en brevvän *[brayv-venn]*; **shall we be penfriends?** ska vi brevväxla? *[vee brayv-vexla]*
penicilin penicillin(et) *[penissileen]*
penknife pennkniv(en) *[pennkneev]*
pen pal en brevvän *[brayv-venn]*
pensioner en pensionär *[pangshōōnair]*
people människor *[menishor]*; **old people** gamla människor; **a lot of people** mycket folk *[mückeh follk]*; **the Swedish people** svenska folket
pepper (*spice*) peppar; **green pepper** en grön paprika *[grurn pahpreeka]*; **red pepper** röd paprika *[rurd]*
per: per night per natt *[pair]*; **how much per hour?** hur mycket per timme? *[hoor mückeh pair timmeh]*
per cent procent
perfect perfekt *[pairfekt]*
perfume parfym(en) *[pahrfüm]*
perhaps kanske *[kansheh]*
period (*of time*) period(en) *[payreeōōd]*; (*menstruation*) mens(en) *[menss]*
perm permanent(en) *[pairmanent]*
permit (*noun*) tillstånd(et) *[tillstawnd]*
person en person *[pairshōōn]*
pessimistic pessimistisk
petrol bensin(en) *[benseen]*
petrol can bensindunk(en) *[benseendoonk]*
petrol station en bensinstation *[benseenstashōōn]*
petrol tank (*in car*) bensintank(en) *[benseentank]*
pharmacy apotek(et) *[apotayk]*
phone *see* **telephone**
photocopy en fotokopia *[footōōkopee-a]*
photogenic fotogenisk *[footōōyaynisk]*
photograph ett foto *[footōō]*; **would you take a photograph of us?** vill du ta ett kort av oss? *[vill doo tah ett kōōrt ahv]*
photographer fotograf(en) *[footōō-*

grahf]
phrase: a useful phrase ett bra ut-
tryck *[brah ωttrück]*
phrasebook en parlör *[pahrlurr]*
pianist pianist(en) *[pee-aneest]*
piano ett piano *[pee-ahno]*
pickpocket en ficktjuv *[fick-chωv]*
pick up: when can I pick them up?
när får jag hämta dem? *[nair fawr
yah hemta dom]*; **will you come and
pick me up?** kan du hämta mig?
[kan dω hemta may]
picnic en picknick
picture en tavla *[tahvla]*
pie en paj *[pah-y]*
piece en bit *[beet]*; **a piece of ...** en
bit ...
pig en gris *[greess]*
pigeon en duva *[dωva]*
piles hemorrojder *[hemorroy-der]*
pile-up *(crash)* en seriekrock
[sayreekrock]
pill ett piller; **I'm on the pill** jag äter
P-piller *[yah aiter pay-piller]*
pillarbox brevlåda(n) *[brayvlawda]*
pillow kudde(n) *[koodeh]*
pillow case ett örngott *[urngott]*
pin en nål *[nawl]*
pineapple en ananas *[ananas]*
pineapple juice ananasjuice(n)
[ananas-yōoss]
pink skär *[shair]*
pint *see page 121*
pipe *(for smoking)* pipa(n) *[peepa]*; *(for
water)* ledning(en) *[laydning]*
pipe cleaner en piprensare
[peeprenssareh]
pipe tobacco piptobak(en) *[peep-
tōoback]*
pity: it's a pity det var synd *[day vahr
sünd]*
pizza en pizza
place *(noun)* plats(en); **is this place
taken?** är den här platsen upptagen?
[ay dayn hair platsen ωopptahgen];
would you keep my place for me?
kan du hålla platsen åt mig? *[kan
dω hawlla ... awt may]*; **at my place**
hos mig *[hōoss may]*; **at Peter's place**
hos Peter
place mat ett tallriksunderlägg
[tallreeks-ωonderlegg]
plain *(food)* enkel; *(not patterned)*
omönstrad *[ōomurnstrad]*

plane plan(et) *[plahn]*
plant en växt *[vext]*
plaster cast ett gipsförband *[yips-
furrband]*
plastic plast(en)
plastic bag en plastpåse *[plast-
pawsseh]*
plate en tallrik *[tallreek]*
platform perrong(en); **which plat-
form, please?** vilket spår? *[spawr]*
play *(instrument, role)* spela *[spayla]*;
(with toys etc) leka *[layka]*; *(in theatre)*
en pjäs *[p-yaiss]*
playboy en playboy
playground lekplats(en) *[laykplats]*
pleasant trevlig *[trayvlig]*
please: yes please ja tack *[yah]*;
coffee, please kaffe, tack; **could you
please ...?** kan du vara snäll och ...?
[kan dω vahra snell ock]; **please,
could you help me?** *(pleading)* snälla
du, kan du hjälpa mig? *[snella dω
kan dω yelpa may]*
pleasure: with pleasure med nöje
[nur-yeh]
plenty: plenty of ... mycket ...
[mückeh]; **that's plenty, thanks** det
räcker, tack *[day recker]*
pleurisy lungsäcksinflammation(en)
[loongsecks-inflammashōon]
pliers en tång *[tawng]*
plonk *(wine)* vin *[veen]*; *(cheap wine)*
enkelt vin
plug *(elec)* en stickpropp; *(for car)* ett
tändstift *[tendstift]*; *(in sink)* en
propp
plughole avlopp(et) *[ahvlopp]*
plum ett plommon *[plōommon]*
plumber en rörmokare *[rurmōokareh]*
plus plus *[plooss]*
p.m. eftermiddagen *[eftermiddahgen]*;
at 2.00 p.m. klockan 14; **at 10.00
p.m.** klockan 22
pneumonia lunginflammation(en)
[loonginflammashōon]
poached egg ett förlorat ägg
[furrlōorat egg]
pocket ficka(n); **in my pocket** i fickan
[ee]
pocketbook *(woman's handbag)*
handväska(n) *[handveska]*
pocketknife en fickkniv *[fick-k-neev]*
podiatrist en fotvårdsspecialist
[fōotvawrds-spayssialeest]

point: could you point to it? kan du
peka på det? *[kan dœ payka paw
day]*; **four point six (4.6)** fyra
komma sex (4,6); **there's no point**
det tjänar inget till *[day chainar]*
points (*in car*) brytarspetsar(na)
[brütarspetsar]
poisonous giftig *[yiftig]*
police polis(en) *[pōōleess]*; **call the
police!** kalla hit polisen! *[heet]*
policeman en polisman *[pōōleessman]*
police station polisstation(en)
[pōōlees-stashōōn]
polish (*noun*) polityr(en) *[poleetür]*;
will you polish my shoes? kan du
putsa mina skor? *[kan dœ pœtsa
meena skōōr]*
polite artig *[ahrtig]*
politician en politiker *[politikair]*
politics politik(en) *[politeek]*
polluted förorenad*[furrōōraynad]*
pond en damm
pony en ponny
pool (*for swimming*) en bassäng
[basseng]; (*game*) biljard *[bilyahrd]*
pool table biljardbord(et) *[bilyahrd-
bōōrd]*
poor (*not rich*) fattig; (*quality*) dålig
[dawlig]; **poor old Johan!** stackars
gamle Johan! *[stackarsh gamleh]*
pope påven *[pawven]*
pop music popmusik(en)
[popmœsseek]
popsicle (*tm*) isglass(en) *[eessglass]*
pop singer en popsångare
[popsawngareh]
popular populär *[popoolair]*
population befolkning(en)
pork griskött(et) *[greess-churt]*
port (*for boats*) hamn(en) *[ham-n]*;
(*drink*) portvin(et) *[pawrtveen]*; **a
glass of port** ett glas portvin *[glahss]*
porter (*in hotel*) en portier
[pawrtchay]; (*at station etc*) en bärare
[bairareh]
portrait ett porträtt *[pawrtrett]*
Portugal Portugal *[pawrtœgahl]*
poser en posör *[pawsurr]*
posh (*restaurant, people*) flott
possibility möjlighet(en) *[mur-y-
lighayt]*
possible möjlig *[mur-y-lig]*; **is it
possible to ...?** är det möjligt att ...?
[ay day]; **as ... as possible** så ... som

möjligt *[saw]*
post (*noun: mail*) post(en) *[posst]*;
could you post this for me? kan du
posta det här åt mig? *[kan dœ possta
day hair awt may]*
postbox brevlåda(n) *[brayvlawda]*
postcard ett postkort *[posstkōōrt]*;
(*picture postcard*) ett vykort *[vü—]*
poster en affisch *[affeesh]*
poste restante poste restante *[posst
restant]*
post office postexpedition(en)
[posstexpedishōōn]
pot kruka(n) *[krœka]*; **a pot of tea for
two** en kanna te för två personer
[tay furr tvaw pairshōōner]; **pots and
pans** (*cooking implements*) grytor och
kastruller *[grütor ock kastrooller]*
potato potatis(en) *[pōōtahtiss]*
potato chips pommes frites *[pawm-
fritt]*
pottery keramik(en) *[chairameek]*;
(*workshop*) krukmakarverkstad(en)
[krœkmahkar-vairkstahd]
pound (*money*) pund(et) *[poond]*;
(*weight*) halvkilo(t) *[halvcheelo]*; *see
page 120*
pour: it's pouring down det öser ner
[day ursser nayr]
powder (*for face*) puder *[pœder]*
powdered milk mjölkpulver *[m-
yurlkpoolver]*
power cut strömavbrott(et)
[strurmahvbrott]
power point nätuttag(et) *[nait-œttahg]*
power station kraftstation(en)
[kraftstashōōn]
practise, practice: I need to practise
jag behöver öva *[yah behurver urva]*
pram barnvagn(en) *[bahrnvang-n]*
prawn cocktail en räkcocktail
[raikcocktail]
prawns räkor *[raikōōr]*
prefer: I prefer white wine jag före-
drar vitt vin *[yah furrehdrahr
vittveen]*
preferably: preferably not tomorrow
helst inte i morgon *[inteh eemorron]*
pregnant gravid *[grahveed]*
prescription ett recept *[rayssept]*
present (*gift*) en present *[prayssent]*;
here's a present for you här är en
present till dig *[hair ay ayn ... day]*;
at present för närvarande *[furr**

nairvahrandeh]

president (*of company*) styrelseordfö-
rande(n) *[stürelsseh-ōōrdfurrandeh]*;
(*of country*) president(en) *[prayssident]*

press: could you press these? kan du
pressa de här? *[kan dōō pressa dom
hair]*

pretty (*people, animals*) söt *[surt]*;
(*place, view*) vacker; **it's pretty
expensive** det är ganska dyrt *[day
ay ganska dürt]*

price pris(et) *[preess]*

prickly heat hetblemmor

priest en präst *[prest]*

prime minister statsminister(n)
[stahtsminister]

prince en prins

princess en prinsessa

print en gravyr *[grahvür]*

printed matter trycksaker
[trücksahker]

priority (*in driving*) förkörsrätt(en)
[furrchursh-rett]

prison fängelse(t) *[fengelsseh]*

private privat *[preevaht]*; **private bath**
privat badrum *[bahdroom]*

prize ett pris *[preess]*

probably antagligen *[antahgligen]*

problem problem(et) *[problaym]*; **I
have a problem** jag har ett problem
[yah hahr]; **no problem!** det är inget
problem *[day ay]*

program(me) (*noun*) program(met)
[prōōgram]

promise: I promise jag lovar *[yah
lawvar]*; **is that a promise?** är det
säkert? *[ay day saikairt]*

**pronounce: how do you pronounce
this?** hur uttalas det? *[hōōr ōōttahlas
day]*; **I can't pronounce it** jag kan
inte uttala det *[yah kan inteh]*

properly: it's not repaired properly
det är inte ordentligt lagat *[day ay
inteh awrdentligt lahgat]*

prostitute en prostituerad *[prōōstitōō-
ayrad]*

protect skydda *[shüdda]*

protection factor (*of suntan lotion*)
skyddsfaktor(n) *[shüddss-faktor]*

protein remover (*for contact lenses*)
proteinborttagningsmedel *[prōō-
tayeen-borttahgnings-maydel]*

Protestant protestantisk

proud stolt

prunes katrinplommon *[katreen-
plommon]*

public (*adjective*) offentlig

public convenience en offentlig toa-
lett *[tōōalett]*

public holiday allmän helgdag
[allmen hel-y-dahg]

pudding (*course*) efterrätt(en) *[efter-
rett]*; (*food*) pudding(en) *[poodding]*

pull dra *[drah]*; **he pulled out with-
out indicating** han körde ut utan att
ge tecken *[churrdeh ōōt ōōtan att yay]*

pullover en pullover *[poolawver]*

pump (*noun*) pump(en) *[poomp]*

punctual punktlig *[poonktlig]*

puncture en punktering *[poonk-
tayring]*

pure (*silk etc*) ren *[rayn]*

purple lila *[leela]*

purse (*for money*) en portmonnä
[pawrtmonnay]; (*handbag*) en
handväska *[handveska]*

push skjuta *[shōōta]*; **don't push in!**
träng dig inte in! *[treng day inteh in]*

push-chair en kärra *[chairra]*

put lägga *[legga]*; **where did you put
...?** var har du lagt ...? *[vahr hahr
dōō lagt]*; **where can I put ...?** var
ska jag lägga ...? *[ska yah]*; **could
you put the lights on?** kan du tända
ljuset? *[kan dōō tenda yōōsset]*; **will
you put the light out?** vill du släcka?
[slecka]; **you've put the price up** du
har höjt priset *[hur-y-t preesset]*;
could you put us up for the night?
kan vi få övernatta här? *[kan vee
faw urvernetta hair]*

pyjamas pyjamas(en) *[pü-yahmass]*

Q

quality kvalitet(en) *[kvalitayt]*; **poor quality** dålig kvalitet *[dawlig]*; **good quality** bra kvalitet *[brah]*
quarantine karantän(en) *[karantain]*
quart *see page 121*
quarter en fjärdedel *[f-yairdeh-dayl]*; **quarter of an hour** en kvart *[kvahrt]*; *see page 118*
quay kaj(en) *[kah-y]*
quayside: on the quayside på kajen *[paw kah-y-en]*
queen en drottning
question fråga(n) *[frawga]*; **that's out of the question** det kommer inte på fråga *[day kommer inteh paw]*
queue en kö *[kur]*; **there was a big queue** det var lång kö *[day vahr lawng]*
quick snabb; **that was quick** det gick snabbt *[day yick]*; **which is the quickest way?** vilken är den snabbaste vägen? *[ay dayn snabbasteh vaigen]*
quickly fort *[foort]*
quiet tyst *[tüst]*; **be quiet!** håll tyst! *[hawl]*
quinine kinin *[chineen]*
quite: quite a lot rätt mycket *[rett mückeh]*; **it's quite different** det är helt annorlunda *[day ay haylt annorloonda]*; **I'm not quite sure** jag är inte alldeles säker *[yah ay inteh aldayless saiker]*

R

rabbit en kanin *[kaneen]*
rabies rabies *[rahbee-ess]*
race (*horses, cars*) en tävling *[taivling]*; **I'll race you there** ska vi springa på kapp? *[ska vee springa paw]*
racket (*sport*) en racket
radiator (*in car*) kylaren *[chülaren]*; (*in room*) ett element *[aylement]*
radio en radio *[rahdio]*; **on the radio** i radio *[ee]*
rag (*for cleaning*) en trasa *[trahssa]*
rail by rail med tåg *[tawg]*
railroad, railway järnväg(en) *[yairnvaig]*
railroad crossing en järnvägs-övergång *[yairnvaigs-urvergawng]*
rain (*noun*) regn(et) *[reng-n]*; **in the rain** i regnet *[ee]*; **it's raining** det regnar *[day rengnar]*
rain boots stövlar *[sturvlar]*
raincoat en regnrock *[rengn-rock]*
rape (*noun*) våldtäkt(en) *[vawldtekt]*
rare sällsynt *[sellsünt]*; (*steak*) mycket blodig *[mückeh bloodig]*
rash (*on skin*) utslag(en) *[œtslahg]*
raspberry ett hallon
rat en råtta *[rawtta]*
rate (*for changing money*) kurs(en) *[koorsh]*; **what's the rate for the pound?** vad står pundet i för kurs? *[vah stawr poondet ee furr]*; **what are your rates?** vad är avgiften? *[vah ay ahvyiften]*
rather: it's rather late det är ganska sent *[day ay ganska saynt]*; **I'd rather ...** jag skulle hellre ... *[yah skoolleh hellreh]*; **I'd rather have meatballs** jag vill hellre ha köttbullar *[yah vill hellreh hah shurtboollar]*
raw rå *[raw]*
razor (*wet*) en rakhyvel *[rahkhüvel]*; (*electric*) en rakapparat *[rahkappa-*

raht]

razor blades rakblad(en) *[rahkblahd]*

reach: within easy reach inom bekvämt räckhåll *[bekvaimt reckhawll]*

read läsa *[laissa]*; **can you read it out?** kan du läsa up det? *[kan doo ... oop day]*; **I can't read it** jag kan inte läsa det *[yah kan inteh]*

ready färdig *[fairdig]*; **when will it be ready?** när är det färdigt *[nair ay day]*; **I'll go and get ready** jag går och gör mig iordning *[yah gawr ock yurr may ee-awrdning]*; **I'm not ready yet** jag är inte färdig än *[yah ay inteh fairdig enn]*

real verklig *[vairklig]*

really verkligen *[vairkligen]*; **I really must go** jag måste faktiskt gå *[yah mawsteh ... gaw]*; **is it really necessary?** är det verkligen nödvändigt? *[ay day ... nurdvendigt]*

realtor fastighetsmäklare(n) *[fastighayts-maiklareh]*

rear: at the rear längst bak *[lengst bahk]*

rearview mirror backspegel(n) *[backspaygel]*

rear wheels bakhjul(en) *[bahk-yool]*

reasonable *(prices etc)* rimlig *[reemlig]*; **be reasonable** var förnuftig *[vahr furrnooftig]*

receipt ett kvitto

recently nyligen *[nüligen]*

reception *(in hotel)* reception(en) *[rayssepshoon]*; *(for guests)* en mottagning *[moot-tahgning]*

reception desk receptionsdisk(en) *[rayssepshoonss-disk]*

receptionist receptionist(en) *[rayssep-shooneest]*

recipe ett recept *[rayssept]*; **can you give me the recipe for this?** kan jag få receptet på det här? *[kan yah faw raysseptet paw day hair]*

recognize känna igen *[chenna ee-yenn]*; **I didn't recognize it** jag kände inte igen det *[yah chendeh inteh ... day]*

recommend: could you recommend ...? kan du rekommendera ...? *[kan doo rekommendayra]*

record *(music)* en skiva *[sheeva]*

record player en skivspelare

[sheevspaylareh]

red röd *[rurd]*

reduction *(in price)* avdrag(et) *[ahvdrahg]*

red wine rödvin(et) *[rurdveen]*

refreshing uppfriskande *[ooppfrisk-andeh]*

refrigerator ett kylskåp *[chülskawp]*

refund ersättning(en) *[airshettning]*; **do I get a refund?** får jag pengarna tillbaka? *[fawr yah pengarna tillbahka]*

region trakt(en)

registered: by registered mail med rek *[rayk]*

registration number ett registreringsnummer *[ray-yistrayrings-noommer]*

reindeer en ren *[rayn]*

relative: my relatives mina släktingar *[meena slektingar]*

relaxing: it's very relaxing det är väldigt avkopplande *[day ay veldigt ahvkopplandeh]*

reliable pålitlig *[pawleetlig]*

religion religion(en) *[raylee-oon]*

remains lämningar(na) *[lemningar]*

remember minnas; **I don't remember** jag minns inte *[yah minnss inteh]*; **I remember** jag minns; **do you remember?** minns du? *[doo]*

remote *(village etc)* avlägsen *[ahvlaigssen]*

rent *(noun: for apartment etc)* hyra(n) *[hüra]*; *(verb: car etc)* hyra; **I'd like to rent a bike/car** jag skulle vilja hyra en cykel/bil *[yah skoolleh vilya hüra ayn sükel/beel]*

rental car en hyrd bil *[hürd beel]*

repair laga *[lahga]*; **can you repair it?** kan du laga det? *[kan doo ... day]*

repeat upprepa *[ooppraypa]*; **could you repeat that?** kan du upprepa det? *[kan doo ... day]*

representative *(of company)* en representant

request en begäran *[be-yairan]*

rescue *(verb)* rädda *[redda]*

reservation en bokning *[bookning]*; **I have a reservation** jag har en bokning *[yah hahr ayn]*

reserve boka *[booka]*; **I reserved a room in the name of ...** jag har bokat rum under namnet ... *[yah hahr*

... *room oonder]*; **can I reserve a table for tonight?** kan jag få beställa bord till ikväll? *[kan yah faw bestella bōōrd till eekvell]*

rest *(repose)* vila(n) *[veela]*; *(remainder)* rest(en); **I need a rest** jag behöver vila *[yah behurver]*; **the rest of the group** resten av gruppen *[ahv grooppen]*

restaurant en restaurang *[restawrang]*

rest room toalett(en) *[tōōalett]*

retired: I'm retired jag är pensionerad *[yah ay pangshōōnayrad]*

return: a return to Malmö tur och retur till Malmö *[toor ock raytœr]*; **I'll return it tomorrow** jag lämnar tillbaks den i morgon *[yah lemnar tillbahks dayn eemorron]*

returnable: is the deposit returnable? betalas depositionsavgiften tillbaka? *[betahlass dayposishōōns-ahvyiften tillbahka]*

reverse charge call ett ba-samtal *[bay-ah samtahl]*

reverse gear backväxel(n) *[backvexel]*

revolting vidrig *[veedrig]*

rheumatism reumatism(en) *[rehœmahtissm]*

rib ett revben *[rayvbayn]*; **a cracked rib** revbensbrott(et)

ribbon ett band

rice ris(et) *[reess]*

rich rik *[reek]*; *(food)* fet *[fayt]*; **it's too rich** det är för fett *[day ay furr]*

ride: can you give me a ride into town? får jag åka med dig till stan? *[fawr yah awka med day till stahn]*; **thanks for the ride** tack för liften *[furr]*

ridiculous: that's ridiculous det är ju löjligt *[day ay yœ lur-y-ligt]*

right *(correct)* rätt *[rett]*; *(not left)* höger *[hurger]*; **you're right** du har rätt *[dœ hahr]*; **you were right** du hade rätt *[hahdeh]*; **that's right, quite right** just det *[yoosteh]*; **that can't be right** det stämmer inte *[stemmer inteh]*; **right!** bra! *[brah]*; **is this the right road for ...?** är det här rätt väg till ...? *[ay day hair rett vaig]*; **on the right** till höger; **turn right** sväng åt höger *[sveng awt]*; **not right now** inte just nu *[yoost nœ]*

right-hand drive högerstyrd *[hurgerstürd]*

ring *(on finger)* en ring; **I'll ring you** jag ringer dig *[yah ... day]*

ring road ringväg(en) *[ringvaig]*

ripe *fruit)* mogen *[mōōgen]*

rip-off: it's a rip-off det är lurendrejeri *[day ay lœrendrayeree]*; **rip-off prices** rövarpriser *[rurvarpreesser]*

risky farlig *[fahrlig]*; **it's too risky** det är för farligt *[day ay furr]*

river en älv *[elv]*; **by the river** vid älven *[veed]*

road en väg *[vaig]*; **is this the road to ...?** går den här vägen till ...? *[gawr dayn hair vaigen]*; **further down the road** längre nedåt vägen *[lengreh naydawt]*

road accident en trafikolycka *[trafeek-ōōlücka]*

road hog en bildrulle *[beeldroolleh]*

road map en vägkarta *[vaigkarta]*

roadside: by the roadside vid vägkanten *[veed vaigkanten]*

roadsign ett vägmärke *[vaigmairkeh]*

roadwork(s) vägarbete *[vaigahrbayteh]*

roast beef rostbiff(en)

rob: I've been robbed jag har blivit bestulen *[yah hahr bleevit bestœlen]*

robe *(housecoat)* en morgonrock *[morronrock]*

rock *(stone)* en klippa; **on the rocks** *(with ice)* med is *[eess]*

rocky *(coast etc)* klippig

roll *(bread)* ett småfranska *[smawfranska]*

Roman Catholic katolsk *[katōōlsk]*; *(person)* en katolik *[katōōleek]*

romance en romans *[romanss]*

Rome: when in Rome ... man får ta seden dit man kommer *[man fawr tah sayden deet man kommer]*

roof tak(et) *[tahk]*; **on the roof** på taket *[paw]*

roof rack takräcke(t) *[tahkreckeh]*

room ett rum *[room]*; **do you have a room?** finns det något ledigt rum? *[finnss day nawgot laydigt]*; **a room for two people** ett rum för två *[furr tvaw]*; **a room for three nights** ett rum för tre nätter *[tray netter]*; **a room with a bathroom** ett rum med badrum *[bahdroom]*; **in my room** i mitt rum *[ee]*; **there's no room** det finns ingen plats *[day finnss]*

room service rumsbetjäning(en)
[rooms-bechaining]
rope ett rep [rayp]
rose en ros [rōōss]
rough (sea, crossing) gropig [grōōpig];
the engine sounds a bit rough mo-
torn låter ojämn [mōōtōōrn lawter
æyem-n]; **I've been sleeping rough**
(in open air) jag har varit uteliggare
[jah hahr vahrit æteh-liggareh]
roughly (approx) ungefär [oon-yefair]
roulette rulett(en)
round (adjective) rund [roond]; **it's my
round** det är min omgång [day ay
meen omgawng]
roundabout (for traffic) en rondell
round-trip: a round-trip ticket to ...
en returbiljett till ... [raytærbilyett]
route resväg(en) [rayssvaig]; **what's
the best route?** vilket är bästa res-
vägen? [ay besta rayssvaigen]
rowboat, rowing boat en roddbåt
[rōōdbawt]
rubber gummi(t) [goommee]; (eraser)
ett radergummi [rahdayr-goommee]
rubber band ett gummiband
[goommee-band]
rubbish (waste) avfall(et) [ahvfall];

(poor quality goods) skräp(et) [skraip];
that's rubbish! (nonsense) vilken
smörja! [smurrya]
rucksack en ryggsäck [rüggseck]
rude oförskämd [ōōfurrshemd]; **he
was very rude** han var verkligen
oförskämd [han vahr vairkligen]
rug en matta
ruins ruiner [rœ-eener]
rum rom
rum and coke rom med coca-cola
run (person) springa; **I go running** jag
är ofta ute och springer [yah ay ofta
æteh ock]; **quick, run!** spring!; **how
often do the buses run?** hur ofta
går bussarna? [hœr ofta gawr
boossarna]; **he's been run over** han
har blivit överkörd [han hahr bleevit
urverchurrd]; **I've run out of gas/
petrol** bensinen har tagit slut
[bensseenen hahr tahgit slœt]
runestone en runsten [rœnstayn]
rupture (medical) en bristning
Russia Ryssland [rüssland]
Russian rysk [rüsk]; (man) en ryss
[rüss]; (woman) en ryska; (language)
ryska
rusty rostig

S

saccharine sackarin(et) [sackareen]
sad (person) ledsen [layssen]; (event)
sorglig [sawr-y-lig]
saddle en sadel [sahdel]
safe (not in danger) säker [saiker]; (not
dangerous) ofarlig [ōōfahrlig]; **will my
bag be safe here?** står min väska
säkert här? [stawr meen veska
saikairt hair]; **is it safe to drink?** vå-
gar man dricka det? [vawgar ...
day]; **is it a safe beach for swim-
ming?** kan man simma utan risk vid
den här stranden? [ætan risk veed
dayn hair]; **could you put this in
your safe?** kan du förvara det här i
kassaskåpet? [kan dœ furrvahra day
hair ee kassaskawpet]
safety pin en säkerhetsnål

[saikerhaytsnawl]
sail (noun) segel(et) [saygel]; **can we
go sailing?** kan vi fara ut och segla?
[kan vee fahra œt ock saygla]
sailboard (noun) en vindsurfingbräda
[vindsoorfingbraida]
sailboarding: I like sailboarding jag
gillar brädsegling [yah yillar
braidsaygling]
sailor en sjöman [shurman]
salad en sallad [sahllahd]
salad cream majonnäs(en) [mahyon-
naiss]
salad dressing dressing(en)
sale: is it for sale? är det till salu? [ay
day till sahlœ]; **it's not for sale** det
är inte till salu [inteh]
sales clerk en expedit [expedeet]

salmon lax(en)
salt salt(et) *[sallt]*
salty: it's too salty det är för salt *[day ay furr sallt]*
same samma; we are staying at the same hotel vi bor på samma hotell *[vee bōōr paw samma hōōtell]*; one the same as this en likadan som den här *[ayn leekadahn som dayn hair]*; the same again, please kan jag få detsamma igen, tack *[kan yah faw daysamma eeyen]*; have a good time — same to you ha det så trevligt — tack detsamma *[hah day saw trayvligt]*; it's all the same to me det gör mig detsamma *[day yurr may]*; thanks all the same tack i alla fall *[ee]*; the same thing samma sak *[sahk]*
sand sand(en)
sandals sandaler *[sandahler]*; a pair of sandals ett par sandaler *[pahr]*
sandwich en smörgås *[smurrgawss]*; a chicken sandwich en smörgås med kyckling *[chückling]*
sandy sand-; a sandy beach en sandstrand
sanitary napkin/towel en dambinda *[dahmbinda]*
sarcastic spydig *[spüdig]*
sardines sardiner *[sardeener]*
satisfactory tillräckligt bra *[tillreckligt brah]*; this is not satisfactory detta är inte tillräckligt bra *[ay inteh]*
Saturday lördag *[lurrdahg]*
sauce sås(en) *[sawss]*
saucepan en kastrull *[kastrooll]*
saucer ett tefat *[tayfaht]*
sauna bastu(n) *[bastœ]*; can I have a sauna? får jag bada bastu? *[fawr yah bahda]*
sausage en korv *[kawrv]*
sauté potatoes stekt potatis *[staykt pōōtahteess]*
save *(life)* rädda *[redda]*
savo(u)ry pikant *[peekant]*
say säga *[say-a]*; how do you say ... in Swedish? hur säger man ... på svenska? *[hœr say-er man ... paw]*; what did you say? vad sade du? *[vah sah dœ]*; what did he say? vad sade han?; I said ... jag sade ... *[yah]*; he said ... han sade ...; I wouldn't say no jag skulle inte säga

nej *[yah skœlleh inteh say-a nay]*
scald: he's scalded himself han har skållat sig *[han hahr skawllat say]*
Scandinavia Skandinavien *[skandin-ahvee-en]*; Norden *[nōōrden]*
Scandinavian skandinavisk *[skandin-ahvisk]*; nordisk *[nōōrdisk]*
scarf *(for neck)* en halsduk *[halsdœk]*; *(for head)* en sjalett *[shalett]*
scarlet scharlakansrött *[shahrlakans-rurt]*
scenery landskap(et) *[landskahp]*
scent *(perfume)* parfym(en) *[pahrfüm]*
schedule tidtabell(en) *[teedtahbell]*
scheduled flight en reguljär flygtur *[raygoolyair flügtœr]*
school skola(n) *[skōōla]*; *(university)* universitet(et) *[oonivairshitayt]*; I'm still at school jag går fortfarande i skolan *[yah gawr fōōrtfahrandeh ee]*
science vetenskap(en) *[vaytenskahp]*
scissors: a pair of scissors en sax
scooter *(motor)* en skoter *[skōōter]*
scorching: it's really scorching *(weather)* det är verkligen stekhett *[day ay vairkligen stayk-hett]*
score: what's the score? *(sport)* hur är ställningen? *[hœr ay stellningen]*
scotch *(whisky)* whisky *[viskee]*
Scotch tape *(tm)* tejp(en) *[tayp]*
Scotland Skottland
Scottish skotsk
scrambled eggs äggröra(n) *[eggrurra]*
scratch *(noun)* en repa *[raypa]*; it's only a scratch det är bara en skråma *[day ay bahra ayn skrawma]*
scream *(verb)* skrika *[skreeka]*
screw *(noun)* en skruv *[skrœv]*
screwdriver en skruvmejsel *[skrœvmayssel]*
scrubbing brush en skurborste *[skœrbawrshteh]*
scruffy sjaskig *[shaskig]*
scuba diving sportdykning(en) *[spawrtdükning]*
sea hav(et) *[hahv]*; by the sea vid havet *[veed]*
sea air havsluft(en) *[hahvs-looft]*
seafood skaldjur *[skahl-yœr]*
seafood restaurant en fiskrestaurang *[fiskrestawrang]*
seafront sjösida(n) *[shursseeda]*; on the seafront åt sjösidan *[awt]*
seagull en fiskmås *[fiskmawss]*

search (*verb*) leta *[layta]*; **I searched everywhere** jag har letat överallt *[yay hahr laytat urverallt]*

search party en spaningspatrull *[spahningspatrooll]*

seashell ett snäckskal *[sneckskahl]*

seasick: I feel seasick jag känner mig sjösjuk *[yah chenner may shurshook]*; **I get seasick** jag blir sjösjuk *[bleer]*

seaside: by the seaside vid kusten *[veed koosteh]*; **let's go to the seaside** vi åker till kusten *[vee awker]*

season årstid(en) *[awrsh-teed]*; **in the high season** under högsäsongen *[oonder hurgsaissongen]*; **in the low season** under lågsäsongen *[lawg—]*

seasoning kryddning(en) *[krüddning]*

seat sittplats(en); **is this anyone's seat?** är den här platsen upptagen? *[ay dayn hair platsen oopptahgen]*

seat belt säkerhetsbälte(t) *[saikerhaytsbelteh]*; **do you have to wear a seat belt?** måste man ha säkerhetsbälte på sig? *[mawsteh ... paw say]*

sea urchin en sjöborre *[shurrborreh]*

seaweed tång(en) *[tawng]*

secluded avskild *[ahvshild]*

second (*adjective*) andra; (*of time*) en sekund *[saykoond]*; **just a second!** ett ögonblick! *[urgonblick]*; **can I have a second helping?** kan jag få en portion till? *[kan yah faw ayn pawrtshoon till]*

second class (*travel*) andra klass

second-hand begagnad *[begagnad]*

secret en hemlighet *[hemlighayt]*

security check säkerhetskontroll(en) *[saikerhaytskontroll]*

sedative ett nervlugnande medel *[nairvloongnandeh maydel]*

see se *[say]*; **I didn't see it** jag såg det inte *[yah sawg day inteh]*; **have you seen my husband?** har du sett min man? *[hahr doo sett meen]*; **I saw him this morning** jag såg honom i morse *[ee mawrsheh]*; **can I see the manager?** får jag tala med föreståndaren? *[fawr yah tahla med furrehstawndaren]*; **see you tonight!** vi ses i kväll! *[vee sayss eekvell]*; **can I see?** får jag se?; **oh, I see** jaha, jag förstår *[yah-hah yah furrshtawr]*; **will you see to it?** (*arrange it*) kan du ordna det? *[awrdna day]*

seldom sällan *[sellan]*

self-catering cabin stuga med självhushåll *[stooga med shelvhoosshawll]*

self-service självbetjäning(en) *[shelvbechaining]*

sell sälja *[sailya]*; **do you sell ...?** har du ...? *[hahr doo]*; **will you sell it to me?** vill du sälja den till mig? *[dayn till may]*

sellotape (tm) tejp(en) *[tayp]*

send skicka *[shicka]*; **I want to send this to England** jag vill skicka det här till England *[yah ... day hair]*; **I'll have to send this food back** jag måste skicka tillbaks den här maten *[yah mawsteh ... tillbahks dayn hair mahten]*

senior citizen en pensionär *[pangshoonair]*

sensational sensationell *[sensashoonell]*

sense: I have no sense of direction jag har inget lokalsinne *[yah hahr inget lookahlsinneh]*; **it doesn't make sense** det låter obegripligt *[day lawter oobegreepligt]*

sensible (*person, idea*) klok *[klook]*

sensitive känslig *[chainsslig]*

sentimental sentimental *[senteementahl]*

separate åtskild *[awtshild]*; **can we have separate bills?** kan vi få var sin räkning? *[vee faw vahr seen raikning]*

separated: I'm separated vi har hemskillnad *[vee hahr hemshillnad]*

separately separat *[sayparaht]*

September september *[septembair]*

septic infekterad *[infektayrad]*

serious allvarlig *[allvahrlig]*; **I'm serious** jag menar allvar *[yah maynar allvahr]*; **you can't be serious!** du kan inte mena allvar! *[doo kan inteh]*; **is it serious, doctor?** är det allvarligt, doktorn? *[ay day]*

seriously: seriously ill allvarligt sjuk *[allvahrligt shook]*

service: the service was excellent det var utmärkt service *[day vahr ootmairkt]*; **could we have some service, please!** kan vi få lite service här! *[kan vee faw leeteh ... hair]*; **church service** gudstjänst(en) *[goods-chainst]*; **the car needs a**

service bilen behöver service *[beelen behurver]*
service charge servisavgift(en) *[sairveess-ahvyift]*
service station bensinstation(en) *[bensseen-stashōōn]*
serviette en servett *[sairvett]*
set: it's time we were setting off det är dags att vi ger oss iväg *[day ay dahgss att vee yayr oss eevaig]*
set menu dagens matsedel *[dahgenss mahtsaydel]*
settle up: can we settle up now? *(pay)* kan vi få betala nu? *[kan vee faw betahla nōō]*
several flera *[flayra]*
sew sy *[sü]*; **could you sew this back on?** kan du sy fast den här? *[kan dōō sü fasst dayn hair]*
sex *(intercourse)* sex
sexist sexist
sexy sexig
shade: in the shade i skuggan *[ee skooggan]*
shadow en skugga *[skoogga]*
shake: let's shake hands vi skakar hand *[vee skahkar]*
shallow *(water)* grund *[groond]*
shame: what a shame! så synd! *[saw sünd]*
shampoo ett schampo *[shampōō]*; **can I have a shampoo and set?** kan jag få tvättning och läggning? *[kan yah faw tvettning ock leggning]*
shandy, shandy-gaff öl och lemonad *[url ock laymonahd]*
share *(room, table etc)* dela *[dayla]*; **let's share the cost** vi delar kostnaden *[vee daylar kostnahden]*
shark en haj *[hah-y]*
sharp *(knife)* vass; *(taste)* syrlig *[sürlig]*; *(pain)* häftig *[heftig]*
shattered: I'm shattered *(very tired)* jag är dödstrött *[yah ay durdstrurt]*
shave: I need a shave jag behöver raka mig *[yah behurver rahka may]*
shaver en rakapparat *[rahkapparaht]*
shaving brush en rakborste *[rahkbawrshteh]*
shaving foam rakkräm(en) *[rahk-kraim]*
shaving point eluttag för rakapparat *[ell-ōōttahg furr rahkapparaht]*
shaving soap raktvål(en) *[rahk-tvawl]*

shawl en sjal *[shahl]*
she hon *[hōōn]*; **is she here?** är hon här? *[ay hōōn hair]*; *see page 111*
sheep ett får *[fawr]*
sheet *(for bed)* ett lakan *[lahkan]*
shell ett skal *[skahl]*
shellfish skaldjur *[skahl-yoor]*
sherry en sherry
shingles bältros *[beltrōōss]*
ship fartyg(et) *[fahrtüg]*; **by ship** med båt *[bawt]*
shirt en skjorta *[shōōrta]*
shit! fan också! *[fahn ocksaw]*
shock *(surprise)* en chock *[shawck]*; **I got an electric shock from the ...** jag fick en stöt av ... *[yah fick ayn sturt ahv]*
shock-absorber en stötdämpare *[sturtdempareh]*
shocking förfärlig *[furrfairlig]*
shoe en sko *[skōō]*; **my shoes** mina skor *[meena skōōr]*; **a pair of shoes** ett par skor *[pahr]*
shoelaces skosnören *[skōōsnurren]*
shoe polish skokräm(en) *[skōōkraim]*
shoe repairer skomakare(n) *[skōō-mahkareh]*
shop en butik *[bōōteek]*
shopping: I'm going shopping jag ska gå och handla *[yah ska gaw ock]*
shop window skyltfönster *[shült-furnster]*
shore strand(en); **on the shore** på stranden *[paw]*
short kort *[kawrt]*; **it's only a short distance** det är inte långt *[day ay inteh lawngt]*
short-change: you've short-changed me jag har fått för litet tillbaka *[yah hahr fawtt furr leeteh tillbahka]*
short circuit en kortslutning *[kawrtslōōtning]*
shortcut en genväg *[yenvaig]*
shorts shorts(en); *(underpants)* kalsonger(na)
should: what should I do? vad ska jag göra? *[vah ska yah yurra]*; **he shouldn't be long** han bör strax vara här *[han burr strax vahra hair]*; **you should have told me** du skulle ha talat om det för mig *[dōō skoolleh hah tahlat om day furr may]*
shoulder en axel
shoulder blade skulderblad(et)

[skoolderblahd]
shout (*verb*) ropa *[rōōpa]*
show: could you show me? kan du
visa mig? *[kan dœ veessa may]*; **does
it show?** syns det? *[sünss day]*; **we'd
like to go to a show** vi skulle vilja
gå på teatern *[vee skoolleh vilya
gaw paw tayahtern]*
shower dusch(en) *[doosh]*; **with
shower** med dusch; *(rain)* en skur
[skœr]
showercap en duschmössa *[doosh-
murssa]*
show-off: don't be a show-off försök
inte visa dig på styva linan
*[furrshurk inteh veessa day paw stüva
leenan]*
shrimps räkor *[raikōōr]*
shrink: it's shrunk det har krympt
[day hahr krümpt]
shut (*verb*) stänga *[stenga]*; **when do
you shut?** när stänger ni? *[nair
stenger nee]*; **when do they shut?**
när stänger de? *[dom]*; **it was shut**
det var stängt *[day vahr stengt]*; **I've
shut myself out** jag har låst mig ute
[yah hahr lawst may œteh]; **shut up!**
håll käften! *[hawll cheften]*
shutter (*on camera*) slutare(n)
[slœtareh]; (*on window*) fön-
sterlucka(n) *[furnsterloocka]*
shutter release avtryckare(n)
[ahvtrückareh]
shy blyg *[blüg]*
sick (*ill*) sjuk *[shœk]*; **I think I'm
going to be sick** (*vomit*) jag tror jag
behöver kräkas *[yah trōōr yah
behurver kraikass]*
side sida(n) *[seeda]*; (*in game*) ett lag
[lahg]; **at the side of the road** vid
vägkanten *[veed vaigkanten]*; **the
other side of town** andra sidan stan
[stahn]
side lights parkeringsljus
[parkayrings-yœss]
side salad en salladsassiett
[sahllahdss-ashett]
side street en sidogata *[seedogahta]*
side walk trottoar(en) *[trottaw-ahr]*
sidewalk café en uteservering *[œteh-
servayring]*
sight: the sights of ... sevärdheterna i
... *[sayvairdhayterna ee]*
sightseeing: sightseeing tour en

rundtur *[roondtœr]*; **we're going
sightseeing** vi ska på sightseeing
[vee ska paw]
sign (*roadsign etc*) en skylt *[shült]*;
where do I sign? var ska jag skriva
på? *[vahr ska yah skreeva paw]*
signal: he didn't give a signal (*driver,
cyclist*) han gav inget tecken
signature namnteckning(en)
signpost en vägvisare *[vaigveessareh]*
silence tystnad(en) *[tüstnad]*
silencer en ljuddämpare *[yœd-
dempareh]*
silk siden *[seeden]*
silly dum *[doom]*; **that's silly!** det är
dumt! *[day ay]*
silver silver *[seelvair]*
silver foil alfolie(n) *[alfōōlee-eh]*
similar liknande *[leeknandeh]*
simple (*easy*) enkel
since: since yesterday sedan igår
[sayn eegawr]; **since we got here** se-
dan vi kom hit *[vee kom heet]*
sincere ärlig *[airlig]*
sing sjunga *[shoonga]*
singer (*man*) sångare *[sawngareh]*;
(*woman*) sångerska *[sawngairshka]*
single: a single room ett enkelrum
[enkelroom]; **a single to ...** en
enkelbiljett till ... *[enkelbillyett]*; **I'm
single** jag är ogift *[yah ay ōōyift]*
sink (*kitchen*) diskbänk(en) *[diskbenk]*;
it sank den sjönk *[dayn shurnk]*
sir min herre *[meen hairreh]*; **excuse
me, sir** vill min herre ursäkta mig
[œrshekta may]
sirloin dubbelbiff(en) *[doobbelbiff]*
sister: my sister min syster *[meen
süster]*
sister-in-law: my sister-in-law min
svägerska *[meen svaigershka]*
sit sitta; **may I sit here?** får jag slå
mig ner? *[fawr yah slaw may nayr]*;
is anyone sitting here? sitter det nå-
gon här? *[day nawgon hair]*
situation situation(en) *[sitœ-ashōōn]*
size storlek(en) *[stōōrlayk]*; **do you
have any other sizes?** finns den i
andra storlekar? *[finnss dayn ee]*
skate: I can't skate jag kan inte åka
skridskor *[yah kan inteh awka
skreedskōōr]*
skates skridskor *[skreedskōōr]*
skating skridskoåkning(en) *[skreed-*

skōō-awkning]
sketch en skiss
ski en skida *[sheeda]*; (*verb*) åka skidor *[awka sheedor]*; **a pair of skis** ett par skidor *[pahr]*
ski boots pjäxor *[p-yaixōōr]*
skid: I skidded jag fick sladd *[yah]*
skiing: we're going skiing vi ska åka skidor *[vee ska awka sheedōōr]*
ski instructor en skidlärare *[sheedlairareh]*
ski-lift en skidlift *[sheedlift]*
skin hud(en) *[hood]*
skin-diving sportdykning *[spawrt-dükning]*
skinny mager *[mahger]*
ski-pants skidbyxor *[sheedbüxōōr]*
ski-pass skidpass(et) *[sheedpass]*
ski pole en skidstav *[sheedstahv]*
skirt en kjol *[chōōl]*
ski run en skidspår *[sheedspawr]*
ski slope en skidbacke *[sheedbackeh]*
ski trail ett skidspår *[sheedspawr]*
ski wax skidvalla(n) *[sheedvalla]*
skull skalle(n) *[skalleh]*
sky himmel
sledge en släde *[slaideh]*
sleep sova *[sawva]*; **I can't sleep** jag kan inte sova *[yah kan inteh]*; **did you sleep well?** har du sovit gott? *[hahr doo sawvit]*; **I need a good sleep** jag behöver sova ut *[yah behurver sawva oot]*
sleeper (*rail*) en sovvagn *[sawv-vangn]*
sleeping bag en sovsäck *[sawvseck]*
sleeping car en sovvagn *[sawv-vangn]*
sleeping pill ett sömnmedel *[surmn-maydel]*
sleepy sömnig *[surmnig]*; (*weather, day*) sövande *[survandeh]*; **I'm feeling sleepy** jag är sömnig *[yah ay]*
sleeve ärm(en) *[airm]*
slice en skiva *[sheeva]*
slide (*phot*) en diabild *[dee-abild]*
slim (*adjective*) slank; **I'm slimming** jag bantar *[yah]*
slip (*under dress*) en underkjol *[oonderchōōl]*; **I slipped** (*on pavement etc*) jag halkade *[yah halkadeh]*
slipped disc diskbråck(et) *[diskbrawck]*
slippery hal *[hahl]*; **it's slippery** det är halt *[day ay]*
slow långsam *[lawngssam]*; **slow**

down! sakta ner! *[nayr]*
slowly långsamt *[lawngssamt]*; **could you say it slowly?** kan du säga det långsamt? *[kan doo saya day]*; **very slowly** mycket långsamt *[mückeh]*
small liten *[lootoon]*
small change växel(n) *[vaixel]*
smallpox smittkoppōōr
smart (*clothes*) snygg *[snügg]*
smashing underbar *[oonderbahr]*
smell lukt *[lookt]* **there's a funny smell** det luktar konstigt *[day looktar]*; **what a lovely smell!** vad det luktar gott! *[vah]*; **it smells** (*smells bad*) det luktar
smile (*verb*) le *[lay]*
smoke (*noun*) rök(en) *[rurk]*; **do you smoke?** röker du? *[rurker doo]*; **do you mind if I smoke?** har du något emot att jag röker? *[hahr doo nawgot emoot att yah]*; **I don't smoke** jag röker inte *[inteh]*
smooth (*surface*) slät *[slait]*
smoothy: he's a real smoothy han är verkligen sliskig *[ay vairkligen]*
snack: I'd just like a snack jag vill bara få en matbit *[yah vill bahra faw ayn mahtbeet]*
snackbar en lunchbar *[loonchbahr]*
snake en orm *[ōōrm]*
sneakers gymnastikskor *[yümnasteek-skōōr]*
snob en snobb
snorkel snorkel(n)
snow (*noun*) snö(n) *[snur]*; **it's snowing** det snöar *[day snur-ar]*; **they're snowed in** de är insnöade *[dom ay insnuradeh]*
snowball en snöboll *[snurboll]*
snowplough, snowplow en snöplog *[snurplōōg]*
snowshoes snöskor *[snurskōōr]*
snowstorm en snöstorm *[snurstorm]*
snowtyres, snowtires vinterdäck *[vinterdeck]*
so: it's so cold det är så kallt *[day ay saw kallt]*; **it was so beautiful!** det var så vackert! *[day vahr saw vackairt]*; **not so fast** inte så fort *[inteh saw fōōrt]*; **thank you so much** tack så mycket *[mückeh]*; **it wasn't - it was so!** det var det inte - jo det var det! *[jōō]*; **so am I** det är jag också *[yah ocksaw]*; **so do I** det

gör jag också *[yurr]*; **how was it?** —
so-so hur var det? — tja, sådär *[hoor
vahr day — chah, sawdair]*
soaked: I'm soaked jag är genomblöt
[yah ay yaynomblurt]
soaking solution (*for contact lenses*) ett
blötläggningsmedel *[blurtleggnings-
maydel]*
soap tvål(en) *[tvawl]*
soap-powder tvättpulver *[tvett-
poolrer]*
sober nykter *[nükter]*
soccer fotboll(en) *[footboll]*
sock en socka
socket (*elec*) uttag(et) *[ottahg]*
soda (*water*) soda
sofa en soffa
soft (*material etc*) mjuk *[m-yook]*
soft drink en läskedryck *[leskeh-
drück]*
soft lenses mjuka linser *[m-yooka
linsser]*
soldier en soldat *[sawldaht]*
sole sula(n) *[soola]*; **could you put
new soles on these?** kan jag få de
här sulade? *[kan yah faw dom hair
sooladeh]*
solid massiv *[masseev]*
some: may I have some water? kan
jag få litet vatten? *[kan yah faw
leeteh]*; **I have read it in some book
or other** jag har läst det i någon bok
[yah hahr laisst day ee nawgon book];
some day någon dag *[dahg]*; **for
some reason** av något skäl *[ahv
nawgot shail]*; **do you have some
matches?** har du några tändstickor?
[hahr doo nawgra tendstickoor]; **that's
some drink!** det kan man kalla
dryck! *[drück]*; **some of them** en del
av dem *[ayn dayl ahv dom]*; **can I
have some?** (*of them*) kan jag få nå-
gra? *[kan yah faw]*; (*of that*) kan jag
få litet?
somebody, someone någon *[nawgon]*
something något *[nawgot]*; **something
to drink** något att dricka
sometime: sometime this afternoon
någon gång i eftermiddag *[nawgon
gawng ee eftermiddahg]*
sometimes ibland *[eebland]*
somewhere någonstans *[nawgon-
stanss]*
son: my son min son *[meen sawn]*

song en sång *[sawng]*
son-in-law: my son-in-law min
svärson *[meen svairshawn]*
soon snart *[snahrt]*; **I'll be back soon**
jag är snart tillbaka *[yah ay ...
tillbahka]*; **as soon as you can** så
snart du kan *[saw ... doo kan]*
sore: it's sore det är ömt *[day ay
urmt]*
sore throat: I have a sore throat jag
har ont i halsen *[yah hahr oont ee
halssen]*
sorry: sorry! (*excuse me*) förlåt
[furrlawt]; **sorry?** (*didn't understand*)
förlåt?; **I'm sorry to hear that** det
var tråkigt att höra *[day vahr
trawkigt att hurra]*
sort: what sort of ...? vilket slags?
[slahgss]; **a different sort of ...** ett
annat slags ...; **will you sort it out?**
kan du klara ut det? *[kan doo klahra
oot day]*
soup soppa(n)
sour (*taste*) sur *[soor]*
south söder *[surder]*; **in the south** i
södra delen *[ee surdra daylen]*; **south
of** söder om; **to the south** söderut
[surderoot]
South Africa Sydafrika *[südahfreeka]*
South African sydafrikansk
[südahfreekahnsk]; (*man*) en syd-
afrikan; (*woman*) en sydafrikanska
southeast sydöst *[südurst]*; **in the
southeast** i sydöstra delen *[ee
südurstra daylen]*; **southeast of** sydöst
om; **to the southeast** åt sydöst *[awt]*
southwest sydväst *[südvest]*; **in the
southwest** i sydvästra delen *[ee
südvestra daylen]*; **south west of**
sydväst om; **to the southwest** åt
sydväst *[awt]*
souvenir en souvenir
spa en brunnsort *[broonnss-oort]*
space heater ett värmeelement
[vairmeh-aylement]
spade en spade *[spahdeh]*
spades (*cards*) spader *[spahder]*
Spain Spanien *[spahnee-en]*
Spanish spansk; (*language*) spanska
spanner en skruvnyckel *[skroovnückel]*
spare part en reservdel *[rayssairvdayl]*
spare tyre/tire reservhjul(et)
[rayssairv-yool]
spark(ing) plug tändstift(et) *[tendstift]*

speak tala *[tahla]*; **do you speak English?** talar du engelska? *[doo]*; **I don't speak ...** jag talar inte ... *[yah ... inteh]*; **can I speak to ...?** kan jag få tala med ...? *[faw]*; **speaking** (*on telephone*) det är jag *[day ay yah]*; **who's speaking please?** vem är det jag talar med?

special speciell *[spessee-ell]*; **nothing special** inget speciellt *[inget]*

specialist en specialist *[spessee-aleest]*

special(i)ty en specialitet *[spessee-alitayt]*; **the special(i)ty of the house** husets specialitet *[hoossets]*

spectacles glasögon *[glahss-urgon]*

speed (*noun*) hastighet(en) *[hastighayt]*; **he was speeding** han körde för fort *[han churrdeh furr foort]*

speedboat en racerbåt *[raysserbawt]*

speed limit hastighetsbegränsning(en) *[hastighayts-begrenssning]*

speedometer hastighetsmätare(n) *[hastighayts-maitareh]*

spell: how do you spell it? hur stavas det? *[hoor stahvas day]*

spend spendera *[spendayra]*; **I've spent all my money** jag har spenderat alla pengarna *[yah hahr ... pengarna]*

spice krydda(n) *[krüdda]*

spicy: it's very spicy det är väldigt kryddstarkt *[day ay veldigt krüddstahrkt]*

spider en spindel

spin-dryer en centrifug *[sentrifoog]*

splendid utmärkt *[ootmairkt]*

splint (*for limb*) spjäla(n) *[sp-yaila]*

splinter (*in finger*) en flisa *[fleessa]*

splitting: I've got a splitting headache jag har en brinnande huvudvärk *[yah hahr ayn brinnandeh hoovoodvairk]*

spoke (*in wheel*) en eker *[ayker]*

sponge en svamp

spoon en sked *[shayd]*

sport sport(en) *[spawrt]*

sport(s) jacket en blazer

spot (*on face etc*) en finne *[finneh]*; **will they do it on the spot?** gör de det på fläcken? *[yurr dom day paw flecken]*

sprain: I've sprained my ... jag har stukat ... *[yah hahr stookat]*

spray (*for hair etc*) sprej(en) *[spray]*

spring (*season*) vår(en) *[vawr]*; (*of car, seat*) en fjäder *[f-yaider]*

square (*in town*) torg(et) *[tawr-y]*; **ten square metres** tio kvadratmeter *[kvadrahtmayter]*

squash (*sport*) squash

stain (*on clothes*) en fläck *[fleck]*

stairs trappa(n)

stale (*bread, taste*) gammal

stall: the engine keeps stalling motorn stoppar ideligen *[mootoorn stoppar eedeligen]*

stalls (*theatre*) parkettplats *[pahrkettplats]*

stamp (*noun*) ett frimärke *[freemairkeh]*; **a stamp for England, please** ett frimärke till England, tack

stand: I can't stand ... (*can't tolerate*) jag tål inte ... *[yah tawl inteh]*

standard (*adjective*) standard

standby reserv(en) *[rayssairv]*

star (*sky, movies*) en stjärna *[shairna]*

start (*noun*) börja(n) *[burrya]*; **when does the film start?** när börjar filmen? *[nair]*; **the car won't start** bilen vill inte starta *[beelen vill inteh stahrta]*

starter (*of car*) startmotor(n) *[startmootoor]*; (*food*) en förrätt *[furr-rett]*

starving: I'm starving jag är utsvulten *[yah ay ootsvoolten]*

state (*in country*) stat(en) *[staht]*; **the States** (*USA*) Staterna *[stahterna]*

station station(en) *[stashoon]*

statue en staty *[statü]*

stay: we enjoyed our stay vi hade mycket nöje av vår vistelse *[vee hadeh mückeh nur-yeh ahv vawr vistelseh]*; **where are you staying?** var bor du? *[vahr boor doo]*; **I'm staying at ...** jag bor i ... *[yah ... ee]*; **I'd like to stay another week** jag skulle vilja stanna en vecka till *[yah skoolleh vilya ... ayn]*; **I'm staying in tonight** jag ska stanna hemma i kväll *[eekvell]*

steak en biff

steal stjäla *[shaila]*; **my bag has been stolen** min väska har blivit stulen *[meen veska hahr bleevit stoolen]*

steep (*hill*) brant

steering styrinrättning(en) *[stür-*

inrettning]; **the steering is slack** styrningen glappar *[stürningen]*

steering wheel ratt(en)

step (*in front of house etc*) trappsteg(et) *[trappstayg]*

stereo stereo(n) *[stayreh-aw]*

sterling sterling

stew en stuvning *[stoovning]*

steward (*on plane*) en steward

stewardess flygvärdinna(n) *[flüg-vairdinna]*

sticking plaster ett häftplåster *[heftplawster]*

sticky: it's sticky det är klibbigt *[day ay]*

sticky tape tejp(en) *[tayp]*

still: I'm still waiting jag väntar fortfarande *[yah ventar foortfahrandeh]*; **will you still be open?** är det fortfarande öppet? *[ay day ... urppet]*; **it's still not right** det är fortfarande inte rätt *[inteh rett]*; **that's still better** det är ännu bättre *[ennoo bettreh]*; **keep still!** var still! *[vahr]*

sting: a bee sting ett bistick *[beestick]*; **I've been stung** jag har blivit stucken *[yah hahr bleevit stoocken]*

stink (*noun*) stank(en); **it stinks** det stinker *[day]*

stockings strumpor *[stroompoor]*

stolen stulen *[stoolen]*; **my wallet's been stolen** min plånbok har blivit stulen *[meen plawnbook hahr bleevit]*

stomach mage(n) *[mahgeh]*; **do you have something for an upset stomach?** finns det något mot magbesvär? *[finnss day nawgot moot mahgbesvair]*

stomach-ache magknip(et) *[mahg-kneep]*

stone (*rock*) sten(en) *[stayn]*; *see page 120*

stop (*bus stop*) hållplats(en) *[hawllplats]*; **which is the stop for ...?** var är hållplatsen för ...? *[vahr ay ... furr]*; **please stop here** var snäll och stanna här *[vahr snell ock stanna hair]*; **do you stop near ...?** stannar du nära ...: *[doo naira]*; **stop doing that!** sluta med det där! *[sloota med day dair]*

stopover ett uppehåll *[ooppeh-hawll]*

store (*shop*) en butik *[booteek]*

stor(e)y (*of building*) våning(en) *[vawning]*

storm storm(en)

story (*tale*) berättelse(n) *[berettelsseh]*

stove spis(en) *[speess]*

straight (*road etc*) rak *[rahk]*; **it's straight ahead** det är rakt fram *[day ay]*; **straight away** genast *[yaynast]*; **a straight whisky** en ren whisky *[rayn]*

straighten: can you straighten things out? (*sort things out*) kan du rätta till det? *[kan doo retta till day]*

strange (*odd*) underlig *[oonderlig]*; (*unknown*) främmande *[fremmandeh]*

stranger en främling *[fremling]*; **I'm a stranger here** jag är främling här *[yah ay ... hair]*

strap (*watch*) armband(et); (*dress*) axelband(et); (*suitcase*) bärrem(men) *[bair-rem]*

strawberry en jordgubbe *[yoord-goobbeh]*

streak: could you put streaks in? (*in hair*) kan du bleka in slingor? *[kan doo blayka in slingoor]*

stream en bäck *[beck]*

street gata(n) *[gahta]*; **on the street** på gatan *[paw]*

street café en gatuservering *[gahtoo-sairvayring]*

streetcar en spårvagn *[spawrvangn]*

streetmap en stadsplan *[stahdsplahn]*

strep throat: I have a strep throat jag har ont i halsen *[yah hahr oont ee halssen]*

strike: they're on strike de strejkar *[dom straykar]*

string ett snöre *[snurreh]*; **have you got some string?** har du en bit snöre? *[hahr doo ayn beet]*

striped randig

striptease striptease

stroke: he's had a stroke han har fått slaganfall *[han hahr fawtt slahganfall]*

stroll: let's go for a stroll ska vi ta en promenad *[ska vee tah ayn promaynahd]*

stroller (*for babies*) en sittvagn *[sittvangn]*

strong stark *[stahrk]*

stroppy (*official, waiter*) ilsken

stuck fast *[fasst]*; **the key's stuck** nyckeln sitter fast *[nückeln]*

student (*male*) en student *[stoodent]*;

(*female*) en studentska
stupid dum *[doom]*; **that's stupid** det
är dumt *[day ay]*
sty(e) (*in eye*) en vagel *[vahgel]*
subtitles text(en)
suburb en förort *[furrōort]*
subway (*underground*) tunnelbana(n)
[toonnelbahna]
successful: were you successful?
lyckades det? *[lückades day]*
suddenly plötsligt *[plurtsligt]*
sue: I intend to sue jag ämnar väcka
åtal *[yah emnar vecka awtahl]*
suede mocka
sugar socker
suggest: what do you suggest? vad
föreslår du? *[vah furreh-slawr dœ]*
suit (*noun*) en kostym *[kostüm]*; **it
doesn't suit me** (*clothes etc*) det klär
mig inte *[day klair may inteh]*; **it
suits you** det klär dig *[day]*; **that
suits me fine** (*arrangements etc*) det
passar mig bra *[may brah]*
suitable (*time, place*) lämplig *[lemplig]*
suitcase en resväska *[rayssveska]*
sulk: he's sulking han tjurar *[chœrar]*
sultry (*weather*) kvav *[kvahv]*
summer sommar(en); **in the summer**
på sommaren *[paw]*
summer home en sommarstuga
[sommarstœga]
summer solstice sommarsolståndet
[sommarsōolstawndet]
sun sol(en) *[sōol]*; **in the sun** i solen
[ee]; **out of the sun** i skuggan
[skooggan]; **I've had too much sun**
jag har fått för mycket sol *[yah hahr
fawtt furr mückeh]*
sunbathe sola *[sōola]*
sunblock (*cream*) solskyddskräm(en)
[sōolshüddss-kraim]
sunburn solsveda(n) *[sōolsvayda]*
sunburnt solbränd *[sōolbrend]*
Sunday söndag *[surndahg]*
sunglasses solglasögon *[sœlglahss-
urgon]*
sun lounger (*chair*) en vilstol
[veelstōol]
sunny: if it's sunny om det är soligt
[day ay sōoligt]; **a sunny day** en solig
dag *[dahg]*
sunrise soluppgång(en) *[sōol-
ooppgawng]*
sun roof (*in car*) soltak(et) *[sōoltahk]*

sunset solnedgång(en) *[sōolnayd-
gawng]*
sunshade ett parasoll
sunshine solsken(et) *[sōolshayn]*
sunstroke solsting(et) *[sōolsting]*
suntan solbränna(n) *[sōolbrenna]*
suntan lotion sololja(n) *[sōol-awlya]*
suntanned solbränd *[sōolbrend]*
suntan oil sololja(n) *[sōol-awlya]*
sun worshipper en soldyrkare
[sōoldürkareh]
super fantastisk; **super!** jättebra!
[yetteh-brah]
superb storartad *[stōorahrtad]*
supermarket snabbköp(et) *[snabb-
churp]*
supper kvällsmat(en) *[kvellss-maht]*
supplement (*extra charge*) tillägg(et)
[tillegg]
suppose: I suppose so jag antar det
[yah antahr day]
suppository ett stolpiller *[stōolpiller]*
sure: I'm sure jag är säker på det
[yah ay saiker paw day]; **are you
sure?** är du säker på det? *[dœ]*; **he's
sure** han är säker på det; **sure!**
visst!
surname efternamn(et) *[efternam-n]*
surprise en överraskning *[urverrask-
ning]*
surprising: that's not surprising det
är inte förvånande *[day ay inteh
furrvawnandeh]*
suspension (*of car*) fjädring(en)
[f-yaidring]
swallow (*verb*) svälja *[svelya]*
swearword svordom(en) *[svōordōom]*
sweat (*verb*) svettas; (*noun*) svett(en);
covered in sweat genomdränkt av
svett *[yaynomdrenkt ahv]*
sweater en tröja *[trur-ya]*
sweatshirt en sweatshirt
Swede (*man*) en svensk; (*woman*) en
svenska; **the Swedes** svenskarna
Sweden Sverige *[svayree-eh]*
Swedish svensk; (*language*) svenska;
in Swedish på svenska *[paw]*
sweet (*taste*) söt *[surt]*; (*noun: dessert*)
efterrätt(en) *[efterrett]*
sweets (*candy*) godis(et) *[gōodiss]*
swelling en svullnad *[svoollnad]*
sweltering: it's sweltering det är
stekhett *[day ay staykhett]*
swerve: I had to swerve jag var

tvungen att gira *[yah vahr tvoongen
att yeera]*

swim (*verb*) simma; **I'm going for a
swim** jag ska ta mig en simtur *[yah
ska tah may ayn simtœr]*; **do you
want to go for a swim?** vill du ta en
simtur? *[dœ]*; **I can't swim** jag kan
inte simma *[yah kan inteh]*

swimming simning(en); **I like swim-
ming** jag gillar att simma *[yah yillar]*

swimming costume baddrakt(en)
[bahd-drekt]

swimming pool en simbassäng
[simbasseng]

swimming trunks badbyxor(na)
[bahdbüxōōr]

Swiss schweizisk *[shvaytsisk]*; (*man*) en

schweizare *[shvaytsareh]*; (*woman*) en
schweiziska

switch (*noun*) en strömbrytare
[strurmbrütareh]; **could you switch
it on?** kan du koppla på den? *[kan
dœ koppla paw dayn]*; **could you
switch it off?** kan du koppla av
den? *[ahv]*; **switch on the light** tänd
ljuset *[tend yœsset]*; **switch on the
TV** sätt på TV:n *[sett paw tayvay n]*

Switzerland Schweiz *[shvayts]*

swollen svullen *[svoollen]*

swollen glands svullna körtlar
[svoollna churtlar]

sympathy sympati(n) *[sümpatee]*

synagogue synagoga(n) *[sünagawga]*

synthetic syntetisk *[süntaytisk]*

T

table bord(et) *[bōōrd]*; **a table for two**
ett bord för två *[furr tvaw]*; **at our
usual table** vid vårt vanliga bord
[veed vawrt vahnliga]

tablecloth bordduk(en) *[bōōrd-dœk]*

table tennis bordtennis(en)
[bōōrdtennis]

table wine bordsvin(et) *[bōōrdss-veen]*

tactful (*person*) taktfull

tailback (*of traffic*) en bilkö *[beelkur]*

tailor skräddare(n) *[skreddareh]*

take ta *[tah]*; **will you take this to
room 12?** vill du ta det till rum 12?
[vill dœ tah day till room]; **will you
take me to the airport?** kan du köra
mig till flygplatsen? *[kan dœ churra
may till flügplatsen]*; **do you take
credit cards?** går det bra med
köpkort? *[gawr day brah med
churpkōōrt]*; **OK, I'll take it** OK, jag
tar det *[okay yah]*; **how long does it
take?** hur lång tid tar det? *[hœr
lawng teed]*; **it'll take 2 hours** det
tar 2 timmar; **is this seat taken?** är
den här platsen upptagen? *[ay dayn
hair platsen oopptahgen]*; **I can't take
too much sun** jag tål inte för mycket
sol *[yah tawl inteh furr mückeh sōōl]*;
to take away för avhämtning *[furr*

ahvhemtning]; **will you take this
back, it's broken** vill du ta tillbaka
det här, det är sönder *[surnder]*;
could you take it in at the side?
(*dress, jacket*) kan du sy in den i
sidan? *[dœ sü in dayn ee seedan]*;
when does the plane take off? när
startar planet? *[nair starter plahnet]*;
can you take a little off the top? (*to
hairdresser*) kan du klippa av litet
längst upp? *[ahv leeteh lengst oopp]*

talcum powder talk(en) *[tallk]*

talk (*verb*) tala *[tahla]*

tall lång *[lawng]*; (*building*) hög *[hurg]*

tampax (*tm*) en tampax

tampons tamponger *[tamponger]*

tan solbränna(n) *[sōōlbrenna]*; **I want
to get a good tan** jag vill få en fin
solbränna *[yah vill faw ayn feen]*

tank (*of car*) tank(en)

tap kran(en) *[krahn]*

tape (*for cassette*) band(et); (*sticky*)
tejp(en) *[tayp]*

tape measure ett måttband
[mawttband]

tape recorder en bandspelare
[bandspaylareh]

taste (*noun*) smak(en) *[smahk]*; **can I
taste it?** får jag smaka? *[fawr yah]*; **it**

has a peculiar taste det har en konstig smak *[day hahr ayn]*; **it tastes very nice** det smakar väldigt gott *[veldigt]*; **it tastes revolting** det smakar vidrigt *[veedrigt]*

taxi en taxi; **will you get me a taxi?** kan du skaffa mig en taxi? *[kan doo skaffa may ayn]*

taxi-driver taxichaufför(en) *[taxeeshawfurr]*

taxi rank/stand en taxihållplats *[taxeehawllplats]*

tea ett te *[tay]*; **tea for two please** två te, tack *[tvaw]*; **could I have a cup of tea?** kan jag få en kopp te? *[kan yah faw ayn]*

teabag en tepåse *[taypawsseh]*

teach: could you teach me? skulle du kunna lära mig? *[skoolleh doo koonna laira may]*; **could you teach me Swedish?** skulle du kunna lära mig svenska?

teacher en lärare *[lairareh]*

team ett lag *[lahg]*

teapot en tekanna *[taykanna]*

tea towel en handduk *[hand-dook]*

teenager en tonåring *[tawnawring]*

teetotal: he is teetotal han är nykterist *[ay nüktereest]*

telegram ett telegram *[telegram]*; **I want to send a telegram** jag vill skicka ett telegram *[yah vill shicka]*

telephone en telefon *[telefawn]*; **can I make a telephone call?** får jag ringa ett samtal? *[fawr yah ringa ett samtahl]*; **could you talk to him for me on the telephone?** skulle du kunna tala med honom på telefon? *[skoolleh doo koonna tahla med honom paw]*

telephone box/booth en telefonhytt *[telefawnhütt]*

telephone directory en telefonkatalog *[telefawnkatalawg]*

telephone number ett telefonnummer *[telefawn-noommer]*; **what's your telephone number?** vad har du för telefonnummer? *[vah hahr doo furr]*

telephoto lens ett teleobjektiv *[tayleh-obyekteev]*

television TV *[tayvay]*; **I'd like to watch television** jag vill gärna se på TV *[yah vill yairna say paw]*; **is the**

match on television? sänds matchen på TV? *[sendss]*

telex ett telex *[taylex]*; **I'd like to send a telex** jag skulle vilja skicka ett telex *[yah skoolleh vilya shicka]*

tell: could you tell him ...? kan du tala om för honom ...? *[kan doo tahla om furr honom]*

temperature temperatur(en) *[tempayratoor]*; (*fever*) feber(n) *[fayber]*; **he has a temperature** han har feber *[hahr]*

temporary tillfällig *[tillfellig]*

tenant (*of apartment*) en hyresgäst *[hüress-yest]*

tennis tennis(en)

tennis ball en tennisboll

tennis court tennisbana(n) *[tennisbahna]*; **can we use the tennis court?** får vi använda tennisbanan? *[fawr vee anvenda]*

tennis racket en tennisracket

tent ett tält *[telt]*

term en termin *[tairmeen]*

terminus (*rail*) ändstation(en) *[endstashoon]*

terrace en terrass *[terrass]*; **on the terrace** på terrassen *[paw]*

terrible förfärlig *[furrfairlig]*

terrific fantastisk

testicle en testikel

than än *[enn]*; **smaller than** mindre än *[mindreh]*

thanks, thank you tack; **thank you very much** tack så mycket *[saw mückeh]*; **thank you for everything** tack för allt *[furr]*; **no thanks** nej tack *[nay]*

that: that woman den. där kvinnan *[dayn dair]*; **that house** det där huset *[day dair hoosset]*; **that one** den/det där; **I hope that ...** jag hoppas att ... *[yah hoppass]*; **that's perfect** det är perfekt *[day ay pairfekt]*; **that's strange** det var konstigt *[vahr]*; **is that ...?** är det ...?; **that's it** (*thats right*) just det *[yoosteh]*; **is it that expensive?** är det så dyrt? *[saw dürt]*

thaw (*noun*) töväder *[turvaider]*; (*verb*) töa *[tur-a]*

the *see page 108*

theater, theatre teater(n) *[tayahter]*

their deras *[dayrass]*; *see page 110*

theirs deras *[dayrass]*; *see page 112*

them dem *[dom]*; **for them** för dem *[furr]*; **with them** med dem; **I gave it to them** jag gav det till dem *[yah gahv day]*; **who? - them** vem? - de *[dom]*; *see page 111*

then (*at that time*) då *[daw]*; (*after that*) sedan *[sayn]*

there där *[dair]*; **over there** därborta *[dairbawrta]*; **up there** däruppe d**airooppeh]**; **shall we go there?** ska vi gå dit? *[ska vee gaw doot]*; **is there ...?** finns det ...? *[finnss day]*; **are there ...?** finns det ...?; **there is ... det** finns ...; **there are ... det** finns ...; **there you are** (*giving something*) varsågod *[vahr-shaw-good]*

thermal spring en varm källa *[vahrm chella]*

thermometer en termometer *[tairmomayter]*

thermos flask en termos *[tairmawss]*

thermostat (*in car*) termostat(en) *[tairmostaht]*

these de här *[dom hair]*; **can I have these?** kan jag få de här? *[kan yah faw]*

they de *[dom]*; **are they ready?** är de färdiga? *[ay dom fairdiga]*; **are they coming?** kommer de?; *see page 111*

thick tjock *[chock]*; (*stupid*) korkad *[kawrkad]*

thief en tjuv *[chœv]*

thigh ett lår *[lawr]*

thin (*person*) mager *[mahger]*; (*slice etc*) tunn *[toonn]*

thing en sak *[sahk]*; **have you seen my things?** har du sett mina saker? *[hahr dœ sett meena sahker]*; **first thing in the morning** allra först på morgonen *[allra fursht paw morronen]*

think tänka *[tenka]*; **what do you think?** vad tror du? *[vah trŏŏr dœ]*; **I think so** jag tror det *[yah trŏŏr day]*; **I don't think so** jag tror inte det *[inteh]*; **I'll think about it** jag ska tänka på det *[yah ... paw day]*; **no, I should think not** nej, det tycker jag inte *[nay day tücker]*; **do as you think best** gör som du tycker *[gurr]*

third party insurance ansvarsförsäkring(en) *[ansvahrsh-furrshaikring]*

thirsty: I'm thirsty jag är törstig *[yah ay turrshtig]*

this: this hotel det här hotellet *[day hair hŏŏtellet]*; **this street** den här gatan *[dayn hair gahtan]*; **this one** den/det här; **this is my wife** det här är min hustru *[ay meen hoostrœ]*; **is this yours?** är det här ditt?

those de där *[dom dair]*; **not these, those** inte de här, de där *[inteh dom hair]*

thread (*noun*) en tråd *[trawd]*

throat en hals *[hahlss]*

throat lozenges halstabletter *[halsstabletter]*

throttle (*on motorbike*) gasreglage(t) *[gahssrayglahsh]*

through genom *[yaynom]*; **does it go through Tullinge?** går det genom Tullinge? *[gawr day]*; **Monday through Friday** måndag till fredag *[mawndahg till fraydahg]*; **straight through the city centre** rakt genom stadscentrum *[rahkt yaynom stadssentrŏŏm]*

through train ett direkttåg *[deerekt-tawg]*

throw (*verb*) kasta; **don't throw it away** kasta inte bort det *[inteh bawrt day]*; **I'm going to throw up** jag måste kasta upp *[yah mawsteh ... oopp]*

thumb tumme(n) *[toommeh]*

thumbtack ett häftstift *[heftstift]*

thunder (*noun*) åska(n) *[awska]*

thunderstorm ett åskväder *[awskvaider]*

Thursday torsdag *[tŏŏrshdahg]*

ticket en biljett *[bilyett]*

ticket office (*bus, rail*) biljettkontor(et) *[bilyettkawntŏŏr]*; (*theatre, cinema*) biljettlucka(n) *[bilyettloocka]*

tie (*around neck*) en slips

tight (*clothes etc*) åtsittande *[awtsittandeh]*; **the waist is too tight** det sitter för hårt kring midjan *[day sitter furr hawrt kring midyan]*

time tid(en) *[teed]*; **what's the time?** hur mycket är klockan? *[hœr mückeh ay klockan]*; **at what time do you close?** hur dags stänger du? *[hœr dahgss stenger dœ]*; **there's not much time** vi har inte mycket tid *[vee hahr inteh mückeh]*; **for the time being** tills vidare *[tillss veedareh]*; **from time to time** då och då *[daw ock daw]*; **right on time** på slaget *[paw slahget]*; **this time** den här gången *[dayn hair gawngen]*; **last time** förra gången *[furra]*; **next time** nästa gång *[nesta]*; **four times** fyra gånger *[füra]*; **have a good time!** ha det så trevligt! *[hah day saw trayvligt]*; *see page 118*

timetable tidtabell(en) *[teedtahbell]*

tin *(can)* en burk *[boork]*

tinfoil stanniol(en) *[stannee-awl]*

tin-opener en konservöppnare *[konsairv-urpnareh]*

tint *(verb: hair)* färga *[fair-ya]*

tiny pytteliten *[pütteh-leeten]*

tip *(to waiter etc)* dricks; **does that include the tip?** är dricksen inräknad? *[inraiknad]*

tire *(for car)* ett däck *[deck]*

tired trött *[trurt]*; **I'm tired** jag är trött *[yah ay]*

tiring tröttsam *[trurtssam]*

tissues pappersnäsdukar *[pappairsh-naissdœkar]*

to: **to Gothenburg/England** till Göteborg/England; **to the airport** till flygplatsen *[flügplatsen]*; **here's to you!** skål *[skawl]*; *see page 118*

toast *(bread)* rostat bröd *[rawstat brurd]*; *(drinking)* en skål *[skawl]*

tobacco tobak(en) *[tōōbak]*

tobacconist, tobacco store en tobaksaffär *[tōōbaksaffair]*

toboggan en kälke *[chelkeh]*

today idag *[eedahg]*; **today week** idag om en vecka *[ayn]*

toe en tå *[taw]*

toffee kola(n) *[kawla]*

together tillsammans *[tillsammanss]*; **we're together** vi är tillsammans *[vee ay]*; **can we pay together?** kan vi betala tillsammans? *[betahla]*

toilet toalett(en) *[tōōalett]*; **where's the toilet?** var är toaletten? *[vahr ay]*; **I have to go to the toilet** jag måste gå på toaletten *[yah mawsteh gaw paw]*; **she's in the toilet** hon är på toaletten *[hōōn]*

toilet paper toalettpapper *[tōōalett-papper]*

toilet water eau de toilette

toll *(for bridge etc)* avgift(en) *[ahvyift]*

tomato en tomat *[tomaht]*

tomato juice tomatjuice(en) *[tomahtyōōss]*

tomato ketchup tomatketchup(en) *[tomahtketchoop]*

tomorrow i morgon *[ee morron]*; **tomorrow morning** i morgon förmiddag *[furrmiddahg]*; **tomorrow afternoon** i morgon eftermiddag; **tomorrow evening** i morgon kväll *[kvell]*; **the day after tomorrow** i övermorgon *[urvermorron]*; **see you tomorrow** vi ses i morgon *[vee sayss]*

ton ett ton *[tawn]*; *see page 120*

toner *(cosmetic)* ett ansiktsvatten

tongue tunga(n) *[toonga]*

tonic *(water)* tonic

tonight i kväll *[ee kvell]*; **not tonight** inte i kväll *[inteh]*

tonsillitis halsflusss(en) *[hallssflooss]*

tonsils mandlar

too *(excessively)* för *[furr]*; *(also)* också *[ocksaw]*; **too much** för mycket *[mückeh]*; **me too** jag också *[yah]*; **I'm not feeling too good** jag mår inte riktigt bra *[yah mawr inteh riktigt brah]*

tooth en tand

toothache tandvärk(en) *[tandvairk]*

tooth en tand

toothache tandvärk(en) *[tandvairk]*

toothbrush en tandborste *[tandbawrshteh]*

toothpaste tandkräm(en) *[tandkraim]*

top topp(en); **on top of ...** ovanpå ... *[awvanpaw]*; **on top of the car** ovanpå bilen *[beelen]*; **on the top floor** på översta våningen *[paw urvairshta vawningen]*; **at the top** längst upp *[lengst oopp]*; **at the top of the hill** högst upp på kullen *[hurgst ... koollen]*; **top quality** toppkvalitet(en) *[topkvaleetayt]*; **bikini top** en bikini-behå *[bikini-bay-haw]*

topless topless

torch en ficklampa

total *(noun)* summa(n) *[soomma]*

touch *(verb)* röra *[rurra]*; **let's keep in touch** vi håller kontakt *[vee hawller kawntakt]*

tough *(meat)* seg *[sayg]*; **tough luck!** otur! *[ōōtœr]*

tour en resa *[rayssa]*; **is there a tour of ...?** *(of castle etc)* finns det visning av ...? *[finnss day veessning ahv]*; *(of region)* finns det någon rundtur i ...?

[nawgon roondtœr ee]
tour guide en reseledare *[raysseh-laydareh]*
tourist en turist *[tœreest]*
tourist information office ett turistinformationskontor *[tœreest-informashōōns-kawntoor]*
touristy turist-; **somewhere not so touristy** någonstans där det inte kryllar av så många turister *[nawgonstanss dair day inteh krüllar ahv saw mawnga tœreester]*
tour operator en researrangör *[raysseh-arranshur]*
tow bogsera *[bogssayra]*; **can you give me a tow?** dan du ta mig på släp? *[kan dœ tah may paw slaip]*
toward(s) mot *[mōōt]*; **toward(s) Stockholm** mot Stockholm
towel en handduk *[handdœk]*
town stad *[stahd]*; **in town** i staden *[ee]*; **which bus goes into town?** vilken buss går in i staden? *[vilken booss gawr]*; **we're staying just out of town** vi bor strax utanför staden *[vee bōōr œtanfurr]*
town hall rådhus(et) *[rawdhœss]*
tow rope en bogserlina *[bogssayr-leena]*
toy en leksak *[layksahk]*
track suit en träningsoverall *[trainingss-overall]*
traditional traditionell *[tradishōōnell]*; **a traditional Swedish meal** en traditionell svensk måltid *[mawlteed]*
traffic trafik(en) *[trafeek]*
traffic circle en rondell
traffic cop en trafikpolis *[trafeek-pōōleess]*
traffic jam trafikstockning(en) *[trafeek-stockning]*
traffic light(s) trafikljus(et) *[trafeek-yœss]*
trailer *(for carrying tent etc)* en släpvagn *[slaipvangn]*; *(caravan)* en husvagn *[hœssvangn]*
train ett tåg *[tawg]*; **when's the next train to ...?** när går nästa tåg till ...? *[nair gawr nesta]*; **by train** med tåg
trainers träningsskor *[trainingss-skōōr]*
train station en järnvägsstation *[yairnvaigss-stashōōn]*
tram en spårvagn *[spawrvangn]*
tramp *(person)* en luffare *[loofareh]*

tranquillizers ett lugnande medel *[loongnandeh maydel]*
transatlantic transatlantisk
transformer *(radio)* en transistor *[transsistor]*
transit desk transitdisk(en) *[transsit-disk]*
transit lounge *(at airport)* transithall(en) *[transsithall]*
translate översätta *[urvershetta]*; **could you translate that?** kan du översätta det? *[dœ ... day]*
translation en översättning *[urvershettning]*
translator en översättare *[urvershettareh]*
transmission *(of car)* transmission(en) *[transmishōōn]*
travel resa *[rayssa]*; **we're travel(l)ing around** vi reser omkring *[vee raysser]*
travel agency en resebyrå *[raysseh-büraw]*
travel(l)er en resenär *[rayssenair]*
traveller's cheque, traveler's check en resecheck *[raysseh-check]*
tray en bricka
tree ett träd *[traid]*
tremendous sagolik *[sahgoleek]*
trendy: **trendy clothes** modekläder *[mōōdeh-klaider]*; **a trendy person** en toppmodern person *[ayn toppmodairn pairshōōn]*; **a trendy restaurant** en innerestaurang *[inneh-restawrang]*
tricky *(difficult)* krånglig *[krawnglig]*
trim: **just a trim please** *(to hairdresser)* bara putsning, tack *[bahra pootsning]*
trip *(journey)* en resa *[rayssa]*; **I'd like to go on a trip to ...** jag skulle vilja göra en resa till ... *[yah skoolleh vilya yurra ayn]*; **have a good trip** trevlig resa! *[trayvlig]*
tripod *(for camera)* ett stativ *[stahteev]*
tropical *(heat, climate)* tropisk
trouble *(noun)* besvär(et) *[besvair]*; **I'm having trouble with ...** jag har besvär med ... *[yah hahr]*; **sorry to trouble you** förlåt att jag besvärar *[furrlawt att yah]*
trousers byxor *[büxōōr]*
trouser suit en byxdress *[büxdress]*
trout forell(en)
truck en lastbil *[lastbeel]*

truck driver en lastbilschaufför [lastbeelss-shawfurr]
true sann; **that's not true** det är inte sant [day ay inteh]
trunk (of car) bagageutrymme(t) [bagahsh-œtrümmeh]; (big case) en koffert [koffairt]
trunks badbyxor [bahdbüxōōr]
truth sanning(en); **it's the truth** det är sanning [day ay]
try försöka [furrshurka]; **please try** försök är du snäll [furrshurk ay dœ snell]; **will you try for me?** vill du försöka åt mig? [awt may]; **I've never tried it** jag har aldrig prövat på det [yah hahr aldrig prurvat paw day]; **can I have a try?** får jag pröva? [fawr yah]; **may I try it on?** (clothes) får jag prova den? [prōōva dayn]
T-shirt en T-shirt
tube (for tyre) en slang
Tuesday tisdag [teessdahg]
tuition: I'd like tuition jag vill gärna få undervisning [yah vill yairna faw oonderveessning]
tulip en tulpan [toolpahn]
tuna fish tonfisk(en) [tōōnfisk]
tune en melodi [maylodee]
tunnel en tunnel [toonnel]
Turkey Turkiet [toorkee-et]
Turkish turkisk [toorkisk]; (language) turkiska
turn: it's my turn now det är min tur nu [day ay meen tœr nœ]; **turn left**

sväng åt vänster [sveng awt venster]; **where do we turn off?** var ska vi svänga av? [vahr ska vee svenga ahv]; **can you turn the cooker hood on?** kan du sätta på köksfläkten? [dœ setta paw churks-flekten]; **can you turn the cooker hood off?** kan du stänga av köksfläkten? [stenga ahv]; **he didn't turn up** han infann sig aldrig [say]
turning (in road) avtagsväg(en) [ahvtahgss-vaig]
TV TV [tayvay]
tweezers pincett(en) [pinssett]
twice två gånger [tvaw gawnger]; **twice as much** dubbelt så mycket [doobbelt saw mückeh]
twin beds två sängar [tvaw sengar]
twin room ett dubbelrum med två sängar [doobbelroom med tvaw sengar]
twins tvillingar
twist: I've twisted my ankle jag har vrickat foten [yah hahr vrickat fōōten]
type (noun) typ(en) [tüp]; **a different type of ...** en annan typ av ... [ahv]
typewriter en skrivmaskin [skreevmasheen]
typhoid tyfus [tüfooss]
typical (dish etc) typisk [tüpisk]; **that's typical!** det är ju typiskt! [day ay yœ]; **typically Swedish** typiskt svenskt
tyre ett däck [deck]

U

ugly ful [fœl]
ulcer ett sår [sawr]
umbrella ett paraply [pahraplü]
uncle: my uncle (mother's brother) min morbror [meen mōōrbrōōr]; (father's brother) min farbror [fahrbrōōr]
uncomfortable (chair etc) obekväm [ōōbekvaim]
unconscious medvetslös [medvaytslurss]
under under [oonder]

underdone (meat) inte för välstekt [inteh furr vailstaykt]; (not cooked enough) inte genomstekt [yaynomstaykt]
underground (rail) tunnelbana(n) [toonnelbahna]
underpants kalsonger
undershirt en undertröja [oondertrur-ya]
understand: I don't understand jag förstår inte [yah furrshtawr inteh]; **I**

understand jag förstår; **do you understand?** förstår du? *[dσσ]*

underwear underkläder *[oonderklaider]*

undo (*clothes*) knäppa upp *[kneppa oopp]*

uneatable: it's uneatable det är oätligt *[day ay ōō-aitlig]*

unemployed arbetslös *[arbaytslurss]*

unfair: that's unfair det är orättvist *[day ay ōōrettveest]*

unfortunately tyvärr *[tüvairr]*

unfriendly ovänlig *[ōōvennlig]*

unhappy olycklig *[ōōlücklig]*

unhealthy osund *[ōōssoond]*

United States USA *[σσ-ess-ah]*; **in the United States** i USA *[ee]*

university universitet(et) *[oonivairshitayt]*

unlock låsa upp *[lawssa oopp]*; **the door was unlocked** dörren var upplåst *[durren vahr oopplawst]*

unpack packa upp *[oopp]*

unpleasant (*person, taste*) obehaglig *[ōōbehahglig]*

unpronounceable: it's unpronounceable det är omöjligt att uttala *[day ay ōōmur-y-ligt att σσt-tahla]*

untie knyta upp *[knüta oopp]*

until tills *[tillss]*; **until we meet again** tills vi möts igen *[vee murtss ee-yen]*; **not until Wednesday** inte förrän på onsdag *[inteh furr-enn paw]*

unusual ovanlig *[ōōvahnlig]*

up upp *[oopp]*; **further up the road** längre uppåt vägen *[lengreh ooppawt*

vaigen]*; **up there däruppe *[dairooppeh]*; **he's not up yet** han har inte stigit upp än *[han hahr inteh steegit oopp enn]*; **what's up?** (*what's wrong?*) vad står på? *[vah stawr paw]*

upmarket (*hotel, goods etc*) flott

upset stomach ont i magen *[ōōnt ee mahgen]*

upside down upp och ned *[oopp ock nayu]*

upstairs i övervåningen *[ee urvervawningen]*

urgent brådskande *[brawdskandeh]*; **it's very urgent** det är mycket brådskande *[day ay mückeh]*

urinary tract infection urinvägsinfektion(en) *[σσreenvaigssinfekshōōn]*

us oss; **with us** med oss; **for us** för oss *[furr]*; *see page 111*

use (*verb*) använda *[anvenda]*; **may I use ...?** får jag använda ...? *[fawr yah]*

used: I used to swim a lot jag brukade simma rätt mycket *[yah brσσkadeh simma rett mückeh]*; **when I get used to the cold/heat** när jag blir van vid kylan/hettan *[nair yah bleer vahn veed chülan/hettan]*

useful användbar *[anvendbahr]*

usual vanlig *[vahnlig]*; **as usual** som vanligt

usually i regel *[ee raygel]*

U-turn en helomvändning *[haylomvendning]*

V

vacancy: do you have any vacancies? (*hotel*) finns det några lediga rum? *[finnss day nawgra laydiga room]*

vacation semester(n) *[saymester]*; **we're here on vacation** vi är här på semester *[vee ay hair paw]*

vaccination vaccinering(en) *[vakseenayring]*

vacuum cleaner en dammsugare *[dammsσσgareh]*

vacuum flask en termos *[termos tairmawss]*

vagina slida(n) *[sleeda]*

valid (*ticket etc*) giltig *[yiltig]*; **how long is it valid for?** hur länge är den giltig? *[hσσr lengeh ay dayn]*

valley dal(en) *[dahl]*

valuable (*adjective*) värdefull *[vairdehfooll]*; **can I leave my valuables here?** kan jag få lämna mina värde-

saker här? *[kan yah faw lemna meena
vairdehsahker hair]*
value (*noun*) värde(t) *[vairdeh]*
van en skåpbil *[skawpbeel]*
vanilla vanilj *[vanilyuh]*; **a vanilla ice
cream** an vaniljglass *[glass]*
varicose veins åderbråck(et)
[awderbrawck]
variety show en varieté *[vahree-etay]*
vary: it varies det varierar *[day
vahree-ayrar]*
vase en vas *[vahss]*
vaudeville en varieté *[vahree-etay]*
veal kalvkött(et) *[kalvchurt]*
vegetables grönsaker *[grurnsahker]*
vegetarian vegetarian(en) *[vaygetah-
ree-ahn]*; **I'm a vegetarian** jag är ve-
getarian *[yah ay]*
velvet sammet(en)
vending machine en automat
[awtomaht]
ventilator en ventil *[venteel]*
very mycket *[mückeh]*; **just a very
little Swedish** bara ytterst litet
svenska *[bahra üttairsht leeteh]*; **just
a very little for me** bara ytterst litet
till mig *[may]*; **I like it very much**
jag tycker väldigt mycket om det
[yah tücker veldigt ... day]; **not very
much** inte mycket *[inteh]*; (*not espe-
cially*) inte särskilt *[sairshilt]*
vest (*under shirt*) en undertröja
[oondertrurya]; (*waistcoat*) en väst

[vest]
via via *[vee-a]*
video (*noun*) en video *[veedayaw]*
view utsikt(en) *[ootsikt]*; **what a
superb view!** vilken storslagen
utsikt! *[stoorshlahgen]*
viewfinder sökare(n) *[surkareh]*
Viking (*adjective*) vikinga- *[veekinga]*;
the Viking Age vikingatiden *[—
teeden]*
Vikings vikingar *[veekingar]*
villa en villa
village en by *[bü]*
vinegar ättika(n) *[etteeka]*
vintage (*of wine*) en årgång
[awrgawng]; **vintage wine** ett
årgångsvin *[—sveen]*
visa ett visum *[veessoom]*
visibility (*for driving etc*) sikt(en) *[I'd like*
visit (*verb*) besöka *[besurka]*; **I'd like
to visit ...** jag skulle vilja besöka ...
[yah skoolleh villya]; **come and visit
us** kom och hälsa på oss *[ock helssa
paw]*
vital: it's vital that ... det är absolut
nödvändigt att ... *[day ay absoloot
nurdvendigt]*
vitamins vitaminer *[vitameener]*
vodka en vodka
voice en röst *[rurst]*
voltage spänning(en) *[spenning]*
vomit kräkas *[kraikass]*

W

wafer (*with ice cream*) ett rån *[rawn]*
waist midja(n) *[midya]*
waistcoat en väst *[vest]*
wait vänta *[venta]*; **wait for me** vänta
på mig *[paw may]*; **don't wait for
me** vänta inte på mig *[inteh]*; **it was
worth waiting for** det lönade sig att
vänta *[day lurnadeh say]*; **I'm wait-
ing for someone** jag väntar på nå-
gon *[paw nawgon]*; **I'll wait until my
wife comes** jag väntar tills min fru
kommer *[tillss meen froo]*; **I'll wait a
little longer** väntar litet till *[leeteh]*;

can you do it while I wait? kan du
göra det medan jag väntar? *[kan doo
yurra day maydan]*
waiter en servitör *[sairveeturr]*; **wait-
er!** vaktmästarn! *[vaktmestahrn]*
waiting room väntrum(met)
[ventroom]
waitress en servitris *[sairveetreess]*;
waitress! fröken! *[frurken]*
wake: will you wake me up at 6.30?
kan du väcka mig klockan 6.30?
[kan doo vecka may]
Wales Wales

walk: let's walk there vi promenerar dit *[vee promenayrar deet]*; **is it possible to walk there?** kan man gå till fots dit? *[gaw till fōōts]*; **I'll walk back** jag promenerar tillbaka *[tillbahka]*; **is it a long walk?** är det en lång promenad? *[ay day ayn lawng promenahd]*; **it's only a short walk** det är bara en kort promenad *[bahra ayn kawrt]*; **I'm going out for a walk** jag tar en promenad *[yah tahr]*; **let's take a walk around town** vi tar en promenad runt stan *[vee ... roont stahn]*

walking: I want to do some walking jag vill fotvandra en del *[yah vill fōōtvandra ayn dayl]*

walking boots fotvandringskängor *[fōōtvandrings-chengor]*

walking stick en promenadkäpp *[promenahd-chepp]*

walkman *(tm)* en walkman

wall *(inside, outside as part of a house)* vägg *[vegg]*; *(outside, freestanding)* en mur *[mōōr]*

wallet en plånbok *[plawnbōōk]*

wander: I like just wandering around jag tycker om att bara ströva omkring *[yah tücker ... bahra strurva omkring]*

want: I want a ... jag vill ha en ... *[yah vill hah ayn]*; **I don't want any ...** jag vill inte ha några ... *[inte ha nawgra]*; **I want to go home** jag vill gå hem *[gaw]*; **I don't want to** jag vill inte; **he wants to ...** han vill ...; **what do you want?** vad vill du? *[vah ... dōō]*

war ett krig *[kreeg]*

ward *(in hospital)* en avdelning *[ahvdaylning]*

warm varm *[vahrm]*; **it's so warm today** det är så varmt idag *[day ay saw vahrmt eedahg]*; **I'm so warm** jag är så varm *[yah]*

warning en varning *[vahrning]*

was: I/he/she/it was ... jag/han/hon/det var ... *[vahr]*

wash *(verb)* tvätta *[tvetta]*; **I need a wash** jag behöver tvätta mig *[yah behurver ... may]*; **can you wash the car?** kan du tvätta bilen? *[kan dōō ... beelen]*; **can you wash these?** kan du tvätta de här? *[dom hair]*;

it'll wash off det kan tvättas bort *[day ... bawrt]*

washcloth en tvättlapp *[tvettlapp]*

washer *(for bolt etc)* en packning

washhand basin ett tvättfat *[tvettfaht]*

washing *(clothes)* tvätt(en) *[tvett]*; **where can I hang my washing?** var kan jag hänga tvätten? *[vahr kan yah henga]*; **can you do my washing for me?** kan du ta hand om min tvätt? *[dōō tah ... mirrn]*

washing machine en tvättmaskin *[tvettmasheen]*

washing powder tvättpulver *[tvettpoolver]*

washing-up: I'll do the washing-up jag diskar *[yah]*

washing-up liquid ett diskmedel *[diskmaydel]*

wasp en geting *[yayting]*

wasteful: that's wasteful det är slösaktigt *[day ay slurssaktig]*

wastepaper basket en papperskorg *[pappairsh-kawry]*

watch *(wrist-)* ett armbandsur *[armbands ōōr]*; **will you watch my things for me?** kan du hålla et öga på mina saker? *[kan dōō hawlla et urga paw meena sahker]*; **I'll just watch** jag ska bara se på *[yah ska bahra say paw]*; **watch out!** see up! *[oopp]*

watch strap armband(et)

water vatten; **may I have some water?** kan jag få litet vatten? *[kan yah faw leeteh]*

watercolo(u)r *(painting)* en akvarell

waterproof *(adjective)* vattentät *[vattentait]*

waterski en vattenskida *[vattensheeda]*; *(verb)* åka vattenskidor *[awka]*

waterskiing vattenskidåkning(en) *[vattensheedawkning]*

water sports vattensport(en)

water wings en simdyna *[simdüna]*

wave *(in sea)* en våg *[vawg]*

way: which way is it? åt vilket håll är det? *[awt vilket hawll ay day]*; **it's this way** det är åt det här hållet *[hair hawllet]*; **it's that way** det är åt det hållet; **could you tell me the way to ...?** kan du tala om vägen till ...? *[kan dōō tahla om vaigen]*; **is it**

on the way to Stockholm? är det på vägen till Stockholm? *[paw]*; **you're blocking the way** du spärrar vägen *[dœ sperrar]*; **is it a long way to ...?** är det långt till ...? *[lawngt]*; **would you show me the way to do it?** kan du visa mig hur man gör? *[veessa may hœr man yurr]*; **do it this way** gör så här *[saw]*; **no way!** aldrig i livet! *[ee leevet]*

we vi *[vee]*; *see page 111*

weak (*person, drink*) svag *[svahg]*

wealthy förmögen *[furrmurgen]*

weather väder *[vaider]*; **what foul weather!** vilket hemskt väder!; **what beautiful weather!** vilket underbart väder! *[oonderbahrt]*

weather forecast väderutsikter(na) *[vaiderœtsikter]*

wedding ett bröllop *[brurllop]*

wedding anniversary en bröllopsdag *[brurllopsdahg]*

wedding ring en vigselring *[vigsselring]*

Wednesday onsdag *[ōōnsdahg]*

week en vecka; **a week (from) today** idag om en vecka *[eedahg]*; **a week (from) tomorrow** i morgon om en vecka *[eemorron om ayn]*; **Monday week** på måndag om en vecka *[paw mawndahg]*

weekend veckoslut(et) *[veckoslœt]*; **at/ on the weekend** vid veckoslutet *[veed]*

weight vikt(en); **I want to lose weight** jag vill gå ner i vikt *[yah vill gaw nayr ee]*

weight limit (*for baggage, bridge*) högsta tillåtna vikt *[hurgsta tillawtna]*

weird underlig *[oonderlig]*

welcome: welcome to ... välkommen till ... *[vailkommen]*; **you're welcome** (*don't mention it*) varsågod *[vahr-shaw-gōōd]*

well bra *[brah]*; **I don't feel well** jag mår inte bra *[yah mawr inteh]*; **I haven't been very well** jag har inte mått bra *[yah hahr inteh mawtt]*; **she's not well** hon är inte frisk *[hōōn ay]*; **how are you — very well, thanks** hur mår du — tack, bra *[hœr mawr dœ]*; **you speak English very well** du talar mycket bra engelska *[dœ tahlar mückeh]*; **me as**

well jag också *[yah ocksaw]*; **well done!** bra gjort! *[yōōrt]*; **well well!** (*surprise*) tänka sig! *[tenka say]*

well-done (*meat*) genomstekt *[yaynomstaykt]*

wellingtons gummistövlar *[goommeesturvlar]*

Welsh walesisk *['Wales'-isk]*

were var

west väster *[vester]*; **in the west** i västra delen *[ee vestra daylen]*; **west of** väster om; **to the west** västerut *[vesterœt]*

West Indian västindisk *[vestindisk]*; (*man*) en västindier *[vestindee-er]*; (*woman*) en västindiska

West Indies Västindien *[vestindee-en]*

wet våt *[vawt]*; **it's all wet** det är genomvått *[day ay yaynomvawtt]*; **it's been wet all week** det har varit vått hela veckan *[day hahr vahrit vawtt hayla]*

wet suit en dykardräkt *[dükardrekt]*

what? vad? *[vah]*; **what's that?** vad är det? *[ay day]*; **what is he saying?** vad säger han? *[sayer]*; **I don't know what to do** jag vet inte vad jag ska göra *[yah vayt inteh vah yah ska yurra]*; **what a view!** vilken utsikt! *[œtsikt]*

wheel ett hjul *[yœl]*

wheelchair en rullstol *[roollstōōl]*

when? när? *[nair]*; **when we get back** när vi kommer tillbaka *[vee ... tillbahka]*; **when we got back** när vi kom tillbaka

where? var? *[vahr]*; **where is?** var är ...? *[ay]*; **I don't know where he is** jag vet inte var han är *[yah vayt inteh]*; **that's where I left it** det var där jag lämnade kvar det *[day vahr dair yah lemnadeh kvahr day]*

which: which bus? vilken buss? *[vilken]*; **which hotel?** vilket hotel? *[hōōtell]*; **which one?** vilken/vilket?; **which is yours?** vilken är din? *[ay deen]*/vilket är ditt? *[deet]*; **I forget which it was** jag har glömt vilken/vilket det var *[yah hahr glurmt ... day vahr]*; **the one which ...** den/det som ... *[dayn/day]*

while: while I'm here medan jag är här *[maydan yah ay hair]*

whipped cream vispgrädde(n)

[vispgreddeh]
whisky en whisky *[viskee]*
whisper (*verb*) viska
white vit *[veet]*
white wine vitt vin *[veen]*; **a white wine** ett glas vitt vin *[glahss]*
Whitsun pingst(en)
who? vem?; **who was that?** vem var det? *[vahr day]*; **the man who ...** mannen som
whole: the whole week hela veckan *[hayla]*; **two whole days** två hela dagar *[tvaw hayla dahgar]*; **the whole lot** alltihop *[allteehōōp]*
whooping cough kikhosta(n) *[cheekhōōsta]*
whose: whose is this? vems är det här? *[vems ay day hair]*
why? varför? *[vahrfurr]*; **why not?** varför inte? *[inteh]*; **that's why it's not working** det är därför det inte fungerar *[day ay dairfurr ... foongayrar]*
wide bred *[brayd]*
wide-angle lens ett vidvinkelobjektiv *[veedvinkel-obyekteev]*
widow en änka *[enka]*
widower en änkling *[enkling]*
wife: my wife min hustru *[meen hoostrœ]*
wig en peruk *[payrœk]*
wild vild
will: will you ask him? vill du fråga honom? *[vill dœ frawga honom]*; *see page 115*
win (*verb*) vinna; **who won?** vem vann?
wind (*noun*) vind(en)
windmill en väderkvarn *[vaiderkvahrn]*
window ett fönster *[furnster]*; **near the window** nära fönstret *[naira]*; **in the window** (*of shop*) i fönstret *[ee furnstret]*
window seat en fönsterplats *[furnsterplats]*
windscreen, windshield vindruta(n) *[vindrœta]*
windscreen wipers, windshield wipers vindrutetorkare(n) *[vindrœteh-tawrkareh]*
windsurf: I'd like to windsurf jag vill gärna vindsurfa *[yah vill yairna vindsoorfa]*

windsurfing vindsurfing *[vindsoorfing]*
windy blåsig *[blawssig]*; **it's so windy** det är så blåsigt *[day ay saw]*
wine ett vin *[veen]*; **can we have some more wine?** kan vi få litet mer vin? *[kan vee faw leeteh mayr]*
wine glass ett vinglas *[veenglahss]*
wine list vinlista(n) *[veenlista]*
wing (*of plane, bird*) en vinge *[vingeh]*; (*of car*) en stänkskärm *[stenkshairm]*
wing mirror sidospegel(n) *[seedospaygel]*
winter vinter(n); **in the winter** på vintern *[paw]*
winter holiday en vintersemester *[vinter-semestair]*
wire (*electric*) en ledning *[laydning]*; metalltråd(en) *[metall-trawd]*
wireless en radio *[rahdee-aw]*
wiring ledningar *[laydningar]*
wish: wishing you were here önskar du vore här *[urnskar dœ vōōreh hair]*; **best wishes** hälsningar *[helsningar]*
with med; **I'm staying with ...** jag bor hos ... *[yah bōōr hōōss]*
without utan *[œtan]*; **without stopping** utan att stanna
witness ett vittne *[vittneh]*; **will you be a witness for me?** vill du vara vittne åt mig? *[vill dœ vahra ... awt may]*
witty kvick
wobble: it wobbles (*wheel*) det kränger *[day krainger]*
woman en kvinna
women kvinnor *[kvinōōr]*
wonderful underbar *[oonderbahr]*
won't: it won't start den vill inte starta *[dayn vill inteh stahrta]*; *see page 115*
wood (*material*) trä *[trai]*
woods (*forest*) skogar *[skōōgar]*
wool (*for knitting*) ullgarn(et) *[oollgahrn]*; (*in textiles*) ylle(t) *[ülleh]*
word ord(et) *[ōōrd]*; **you have my word** på hedersord *[paw haydersh-ōōrd]*
work (*verb*) arbeta *[arbayta]*; (*noun*) arbete(t) *[arbayteh]*; **how does it work?** hur fungerar det? *[hœr foongayrar day]*; **it's not working** det fungerar inte *[inteh]*; **I work in an**

office jag arbetar på kontor *[yah ... paw kawntōōr]*; **do you have any work for me?** finns det något jobb åt mig? *[finnss day nawgot yobb awt may]*; **when do you finish work?** när slutar du arbetet? *[nair slōōtar dōō arbaytet]*

work permit arbetstillstånd(et) *[arbayts-tillstawnd]*

world värld(en) *[vaird]*; **all over the world** över hela världen *[urver hayla]*

worn-out (*person, shoe*) utsliten *[ōōtsleeten]*

worry: I'm worried about her jag är orolig för henne *[yah ay ōōrōōlig furr henneh]*; **don't worry** oroa dig inte *[ōōrōō-a day inteh]*

worse: it's worse det är värre *[day ay vairreh]*; **it's getting worse** det blir värre och värre *[bleer ... ock]*

worst värst *[vairsht]*

worth: it's not worth 500 crowns den är inte värd 500 kronor *[dayn ay inteh vaird ... krōōnōōr]*; **it's worth more than that** den är värd mer än så *[mayr enn saw]*; **is it worth a visit?** är det värt ett besök? *[bessurrk]*

would: would you give this to ...? skulle du vilja ge det här till ...? *[skoolleh dōō vilya yay day hair]*; **what would you do?** vad skulle du göra? *[vahd ... yurra]*

wrap: could you wrap it up? kan du slå in det? *[kan dōō slaw in day]*

wrapping omslag(et) *[omslahg]*

wrapping paper omslagspapper(et) *[omslahgs-papper]*

wrench (*tool*) en skiftnyckel *[shiftnückel]*

wrist handled(en) *[handlayd]*

write skriva *[skreeva]*; **could you write it down?** vill du skriva upp det? *[vill dōō ... oopp day]*; **how do you write it?** hur skriver man det? *[hōōr]*; **I'll write to you** jag skriver till dig *[yah ... day]*; **I wrote to you last month** jag skrev till dig förra månaden *[yah skrayv till day furra mawnaden]*

write-off: it's a write-off (*car etc*) den är helt förstörd *[day ay haylt furrshturd]*

writer en skribent *[skreebent]*

writing paper brevpapper(et) *[brayvpapper]*

wrong: your're wrong du har fel *[dōō hahr fayl]*; **the bill's wrong** räkningen stämmer inte *[raikningen stemmer inteh]*; **sorry, wrong number** förlåt, det var fel nummer *[furrlawt day vahr fayl noommer]*; **I'm on the wrong train** jag har kommit på fel tåg *[yah ... paw fayl tawg]*; **I went to the wrong room** jag gick till fel rum *[yah yick ... room]*; **that's the wrong key** (*door*) det är fel nyckel *[ay fayl nückel]*; **there's something wrong with ...** det är något fel med ... *[nawgot]*; **what's wrong?** vad är det för fel? *[vah ay day furr]*; **what's wrong with it?** vad är det för fel på det?

X-ray en röntgen *[rurntgen]*

Y

yacht en segelbåt *[saygelbawt]*
yacht club ett segelsällskap *[saygel-
sullohahp]*
yard: in the yard på gården *[paw
gawrden]; see page 119*
year år(et) *[awr]*
yellow gul *[gœl]*
yellow pages yrkesregistret *[ürkess-
rayistret]*
yes ja *[yah]*; **you're not coming, are
you? - oh yes I am** du kommer inte,
eller hur? - jo, jag kommer *[dœ ...
inteh eller hœr - yōō yah]*; **oh yes it
is** jo det är det *[day ay]; see page 117*
yesterday i går *[eegawr]*; **yesterday
morning** i går morse *[mawrsheh]*;
yesterday afternoon i går
eftermiddag; **the day before yester-
day** i förrgår *[furrgawr]*
yet: has it arrived yet? har det
kommit än? *[hahr day kommit enn]*;

not yet inte än *[inteh]*
yobbo en raggartyp *[raggartüp]*
yog(h)urt en yoghurt
you (singular) du *[dœh]* (polite singular,
plural) ni *[nee]*; **this is for you** det
här är till dig/er *[day hair ay till
day/ayr]*; **with you** med dig/er; *see
page 111*
young ung *[oong]*
young people ungdomar
[oongdōōmar]
your (singular) din *[deen]*; (polite
singular, plural) er *[ayr]*; **your cam-
era** din/er kamera; *see page 110*
yours (singular) din *[deen]*; (polite
singular, plural) er *[ayr]*; *see page 112*
youth hostel ett vandrarhem; **we're
youth hostel(l)ing** vi bor på vand-
rarhem *[vee bōōr paw]*
Yugoslavia Jugoslavien
[yōōgoslahvee-en]

Z

zero noll; **it's below zero** det är
under noll *[day ay oonder]*; **it's 15
degrees below zero** det är femton
minusgrader *[day ay femton
meenooss-grahder]*; **it never gets
above zero** det går aldrig över noll-
punkten *[day gawr aldrig urver
nollpoonkten]*
zip, zipper ett blixtlås *[blixtlawss]*;
could you put a new zip on? kan
du sy i nytt blixtlås? *[kan dœ sü ee
nütt]*
zoo en djurpark *[yœrpahrk]*
zoom lens en zoomlins *[sōōmlinss]*

Swedish-English

A

AB (aktiebolag) limited company

abborre *[abborreh]* perch

adressat addressee

affärscentrum central business district

akt act

akta - lekande barn beware - children playing

aktas för stötar fragile - handle with care

akutavdelning emergency ward

akutvård emergency care

akvavit *[akvaveet]* schnapps

aladåb *[aladawb]* fish or meat in aspic

alla slags ärenden all types of business

allé avenue

allemansrätten law of public access to the countryside

Allhelgonadagen All Saints' Day

allmän väg upphör end of public road

ambassad embassy

ambulans ambulance

ananas *[ananass]* pineapple

and wild duck

andra föreställningen second performance, second house

anka *[anka]* duck

ankommande tåg/flyg arriving trains/flights

ankomst arrival(s)

Annandag jul Boxing Day

Annandag pingst Whit Monday

Annandag påsk Easter Monday

ansiktsmask face pack

ansjovis *[anshooroooo]* anchovies

ansjovisfräs (gubbröra) *[anshooveess-fraiss (goobb-rurra)]* chopped anchovies, onions and hard-boiled eggs

ansl. (anslutning) extension (*telephone*); connection (*transport*)

antikvitetsaffär antique shop

apelsin *[apelseen]* orange

apelsinris *[apelseenress]* short-grain rice with cream and pieces of orange

apotek chemist's shop, pharmacy

aprikos *[apreekōōss]* apricot

aromämnen flavo(u)rings

att hyra for hire, to rent

aubergine *[awbairsheen]* aubergine, eggplant

augusti August

avd. (avdelning) department, section, ward

avgifter tariff, prices

avgående tåg/flyg departing trains/flights

avgång departure(s)

avsmalnande väg road narrows

avstånd från ... till ... distance from ... to ...

avsändare sender

B

babykläder baby clothes
bad baths
badning förbjuden no bathing
badplats bathing place
badrumsartiklar toiletries
bagagekärror baggage trolleys/carts
bageri baker
bakad potatis *[bahkad pōōtahtis]* baked potatoes
bakelse *[bahkelseh]* cake, pastry, tart
balkong balcony
banan *[banahn]* banana
bankomat autobank
barkis (bergis) *[barkis (bair-yis)]* French loaf sprinkled with poppy seeds
barn children
barnkläder children's clothes
barnläkare p(a)ediatrician
barnmat baby food
barnrabatt reduction for children
barnsalva baby cream
barnskor children's shoes
basilika *[bassilika]* basil
bastu sauna
beckasin *[beckasseen]* snipe
belysning light fittings
bensinstation petrol/gas station
berg hill
besiktningsinstrument inspection report
betalas i kassan pay at the cashdesk
bg (bankgiro) bank giro
biff beef
biff a la Lindström *[lindstrurm]* beefburgers containing potato, egg, cream, beetroot/red beet and capers
biffgryta *[biff-grüta]* beef casserole
biff med lök *[lurk]* beef with onions
biffpaj *[biff-pah-y]* beef pie
biff Rydberg *[rüdbair-y]* a hash of steak, potatoes and onions diced and fried separately
bigarrå *[beegarraw]* white-heart cherry *(red and sweet)*
bijouterier jewel(le)ry
bilbärgning breakdown service

biljettautomat ticket machine
biljetter tickets
biljettlucka ticket office
billig bensin cheap petrol/gas
biltillbehör car accessories
biltvätt car wash
biluthyrning car hire/rental
bilverkstad garage, auto repairs
bio cinema, movie theater
björnbär *[b-yurnbair]* blackberry, bramble
bl.a. (bland annat) among other things, inter alia
blekselleri *[blayksellayree]* blanched celery
blodpudding *[blōōdpoodding]* black pudding, blood pudding
blomkål *[bloomkawl]* cauliflower
blomkålspuré *[bloomkawls-pooray]* cauliflower purée
blommor flowers
blomsteraffär florist
blyfri bensin lead-free petrol/gas
blåbär *[blawbair]* bilberry, blueberry
blåkokt forell *[blawkōōkt forell]* trout cooked in wine vinegar
blöjbyxor plastic pants
blöjor nappies, diapers
boardingkort boarding card
bokhandel bookshop, bookstore
bomull cotton
bondgård farm
bottenvåningen *(UK)* ground floor, *(USA)* first floor
brandkår fire brigade/department
brant lutning steep hill
bredd width
bred last wide load
brev letter
brevlåda letterbox
bro bridge
bromsvätska brake fluid
bruna bönor *[broona burnōōr]* brown beans
bruna bönor (med fläsk) *[broona burnōōr med flesk]* baked brown beans with bacon

---

In the Swedish alphabet, the letters å, ä and ö come at the end after z.

brutto gross

brygga landing stage

brylépudding [brülay-poodding] caramel custard

brynt vitkålsoppa [brünt veetkawlsoppa] soup made from quickly fried white cabbage

brysselkål [brüsselkawl] Brussels sprouts

bräckt bacon [breckt] quick-fried bacon

bräckt lax [breckt] lightly fried salmon

brännämne combustible material

bräserad fiskfilé [braissayrad fiskfilay] braised fillet of fish

bröstvidd chest measurement

bullar [boollar] buns, rolls

buss bus

b.v. (bottenvåningen) (UK) ground floor, (USA) first floor

by village

bystmått bust measurement

byte i ... change at ...

båt boat

bäck brook

bärkompott [bairkompawt] stewed berries

bärkräm [bairkraim] berry fool

bärpaj [bairpahy] berry pie

bärplockning berry-picking

bärsoppa [bairshoppa] berry soup

bäsk [besk] a bitter-tasting schnapps flavo(u)red with wormwood

bäst före ... best before ...

böcker, tidskrifter books, magazines

böckling [burckling] smoked Baltic herring

böcklinglåda [burckling-lawda] buckling oven-baked in milk with dill and onions

bönor [burnoor] beans

bör ej vridas do not wring

bör förbrukas senast ... should be used by ... at the latest

bör förvaras oåtkomligt för barn keep out of reach of children

bör tvättas separat wash separately

C

ca. (cirka) approximately

campingplats camping and caravan site

centrum centre, center

champinjonsoppa [shampinyoon-soppa] cream of mushroom soup

charkuteriaffär butcher

choklad (med vispgrädde) [chooklahd med vispgreddeh] chocolate with whipped cream

choklad chocolate

chokladpudding [chooklahdpoodding] chocolate pudding

citronfromage [sitroonfromahsh] lemon mousse

citronsoufflé [sitroonsooflay] lemon soufflé

city city centre/center

civilstånd marital status

curryhöns [koorree-hurnss] chicken curry

cykelstig cycle path

cykelväg cycle track

D

D (Damer) ladies, ladies' room
dadlar *[dadlar]* dates
dagens bio today's films/movies
dagens rätt today's menu
dagl. (dagligen) daily
dalahäst painted wooden horses, popular souvenirs originally from Dalarna
dalgång valley
dambindor får ej kastas i toaletten do not flush sanitary towels down the toilet
damfrisering ladies' hairdresser
damhattar ladies' hats
damkläder ladies' clothing
damkonfektion ladies' outfitters
damm pond
damshop ladies' shop
damskor ladies' shoes
damstrumpor ladies' stockings
damtoalett ladies, ladies' room
damunderkläder lingerie
damväskor ladies' handbags
Danmark Denmark
dansk, danska Danish, Dane
delikatesser delicatessen
delikatessköttbullar *[dayleekahtesschurtboolar]* mini meatballs
denna sida upp this way up
det gjorde inget *[day yōōrdeh inget]* it doesn't matter

dg. (decigram) decigram
din jävel *[deen yaivel]* you bugger
dir. (direktör) director
dirigent conductor
distriktssköterska district nurse
djurpark zoo
dm (decimeter) decimetre
domarring Iron Age stone circle
domkyrka cathedral
domänskog state forest
Domänverket Forestry Commission
dosering dosage
drag pull
dramatiker dramatist
dra åt helvete *[drah awt helvayteh]* go to hell
dricksvatten drinking water
dropptorkas drip dry
Drottningholm 17th century palace with unique theatre, near Stockholm
druvor *[drœvor]* grapes
dryckesautomat vending machine for soft drinks
dubbelrum double room
dukar table linen
dusch shower
duva *[dœva]* pigeon
dvs (det vill säga) ie, that is to say
dörrarna stängs automatiskt doors close automatically

E

effektförvaring left-luggage, baggage checkroom
efter after
efter maten after meals
efterrätt *[efter-rett]* dessert
eftersändningsadress forwarding address
efter varje måltid after each meal
EG (Europagemenskapen) EEC,
European Economic Community
ej dricksvatten not for drinking
ej färgäkta not colo(u)rfast
ej genomfart no through road, dead end
ej ingång no entry
ej kreditkort no credit cards
ej motorfordon no motor vehicles
ej ned way up only

In the Swedish alphabet, the letters å, ä and ö come at the end after z.

ej obehörig trafik no unauthorized traffic
ej tillträde no entry, no access
ej upp way down only
ej utgång no exit
EKG (elektrokardiogram) ECG, electro-cardiogram
e.Kr. (efter Kristi födelse) AD
elaffär electrical goods shop
eldfara, eldfarlig fire danger
elementer för inte täcka this radiator
cover this radiator
elljusspår illuminated ski trail
EM (Europamästerskapen) European championship
em. (eftermiddagen) afternoon, p.m.
endast för utvärtes bruk for external use only

endast för vuxna adults only
endast kemtvätt dry clean only
endast kontanter godtas cash sales only
endast lördagar Saturdays only
endast stående standing room only
engelsk, engelska English; Englishwoman
engelska böcker English books
engelsman Englishman
enkelriktat one-way street
enskild väg private road
entrecote *[angtrekawt]* entrecôte
entrétallrik *[angtray-tallreek]* entrée
e.o. (ex officio, extra ordinarie) ex officio, temporary staff
exkl. (exklusive) excluding
extrapris bargain price

F

falukorv *[fahlookorv]* fried pork sausage
familjerabatt family reduction
fara danger
farlig kurva dangerous bend
fars farce
fasan *[fassahn]* pheasant
fasangryta *[fassahngrüta]* casserole of pheasant
fattiga riddare *[fattiga riddareh]* bread fritters
fatöl *[faht-url]* draught/draft beer
f.d. (före detta) formerly, ex-
februari February
fel nummer wrong number
FF (fotbollförening) football association
filmjölk *[feel-m-yurlk]* popular variety of soured milk
finländare, finne Finn
finns det legitimation? *[finnss day laygitimashoon]* do you have any identification?
fisk fish
fiskaffär fishmonger
fiskaladåb *[fiskaladawb]* fish in aspic
fiskbullar *[fiskboollar]* fish balls
fiskbullsgryta *[fiskboollss-grüta]* casserole with fish balls

fiske fishing
fiskekort fishing permit
fiskfilé *[fiskfilay]* fillet of fish
fiskfärs *[fiskfairsh]* minced fish
fiskgratäng *[fiskgrateng]* fish au gratin
fiskgryta *[fiskgrüta]* fish casserole
fisk i kapprock *[fisk ee kapprock]* fish baked in foil
fiskpudding *[fiskpoodding]* fish pudding
fisksoppa *[fisksoppa]* fish soup
fisksufflé *[fisksoofflay]* fish soufflé
fjäll mountain
fjällräddningstjänst mountain rescue service
f.Kr (före Kristi födelse) BC
flickor girls
flundra *[floondra]* flounder
flygbefordran airmail
flygbuss airport bus
flygplan airplane
flygplats airport
fläsk *[flesk]* pork
fläskfilé *[fleskfilay]* fillet of pork
fläskfärsrulader *[fleskfairsh-roolahder]* roulades of minced/ground pork
fläskkorv *[fleskkorv]* boiled spicy pork sausage

fläskkotlett *[fleskkotlett]* pork chop

fläsklägg *[flesklegg]* knuckle of pork

fläskpannkaka *[fleskpannkahka]* pancake filled with pork

fläskrulader *[fleskrœlahder]* pork roulades

fläskstek *[fleskstayk]* joint of pork

fm. (förmiddag) morning, a.m.

FN (Förenta Nationerna) UN, United Nations

folkdanslag folk dance group

folkdansuppvisning folk dancing display

folkdräkt national costume

Folkets Hus community centre/center usually with café, library etc

folköl *[follk-url]* medium-strength beer

fordonstrafik förbjuden closed to all vehicles

forell *[forell]* trout

fornminne ancient monument

fors waterfall, rapids

fotgängare pedestrians

fotoaffär camera shop

fotoautomat coin-operated photographic booth

fotogen paraffin, kerosene

fotografering förbjuden no photographs allowed

foto snabbframkallning quick film developing service

fraktgods freight

franskbröd (rundstycken) *[franskbrurd (rōōndstücken)]* French rolls

fransk omelett *[omelett]* French omelet(te)

fredag Friday

frikadeller *[frikadeller]* forcemeat balls

friluftsbad open air bathing

friluftsmuseum open air museum

friluftsområde country park

frimärken postage stamps

friterade fiskfiléer *[fritayradeh fiskfilay-er]* fish fillets in batter

fritidsområde countryside leisure park

fritt inträde admission free

Frk (Fröken) Miss

fr.o.m (från och med) from ... inclusive

frostskyddsvätska antifreeze

frotté terry cloth

fruktkompott *[frookt-kompawt]* stewed fruit

fruktsallad *[frooktsahllahd]* fruit salad

från 7 år minimum age: 7

fullbelagt full

fullkornsbröd *[foollkōōrnsbrurd]* wholemeal bread

fullsatt full, no seats

f.v.b. (för vidare befordran) to be forwarded

fyllda stekta äpplen *[füllda staykta epplen]* stuffed roast apples

fylligt *[fülligt]* full-bodied

fynd bargain

får ej beträdas keep off

får ej strykas do not iron

får ej vidröras do not touch

fäbod summer chalet

färgning dye

färgsköljning colo(u)r rinse

färja ferry

fästning fortress

född née, born

födelsedatum date of birth

födelseplats place of birth

föning blow-dry

fönsterplats window seat

förbandslåda first-aid box

förbannade idiot *[furrbannadeh ideeōōt]* bloody fool

förbifartsväg by-pass

förbindelse connection

förbjuden forbidden

förbjudet att luta sig ut genom fönstret do not lean out of the window

förbud att stanna stopping prohibited

före before

före maten before meals

föreställningen börjar ... performance starts at ...

före varje måltid before each meal

författare author

förköp advance booking

förlorat ägg *[furrlōōrat egg]* poached egg

förlåt *[furrlawt]* sorry

förlåt jag har slagit fel nummer *[furrlawt yah hahr slahgit fayl noommer]* sorry, I've got the wrong number

förorenat vatten polluted water

förrätt *[furr-rett]* appetizer, entrée

försiktig careful

In the Swedish alphabet, the letters å, ä and ö come at the end after z.

första föreställningen first
performance
Första maj May Day
första tåget the first train
försäkringsbevis proof of insurance,
policy

försäkringsbolag insurance company
förvaras oåtkomligt för barn keep
out of reach of children
förvaringsfack luggage lockers
förvaringsskåp luggage lockers

G

g. (**gatan**) street; (**gram**) gram
Gamla stan the old quarter of
Stockholm
garderob cloakroom, checkroom
garnaffär wool and yarn shop
gata street
gatukök snack bar
gatuplan street level
ggr (**gånger**) times
gift poison
giltig från ... till ... valid from ...
to ...
gin *[yin]* gin
glaserad skinka *[glahssayrad shinka]*
glazed ham
glasmästarsill *[glahssmestar-sill]* salt
herring marinated with horseradish
and carrot
glas glass
glass ice cream
glassbomb *[glassbomb]* ice-cream
bomb
glass med maräng *[mareng]* ice
cream with meringue
glögg *[glurg]* mulled wine
godkänd authorized
grahamsbröd *[grah-hams-brurd]*
brown bread
grammofonskivor records
grapefrukt *[graypfrookt]* grapefruit
gratinerade fiskbullar *[gratinayradeh
fiskboollar]* fish balls au gratin
gratinerad löksoppa *[gratinayrad
lurksoppa]* onion soup au gratin
gratis inträde admission free
gravad lax *[grahvad]* spiced raw
salmon
gravad strömming *[grahvad
strurming]* spiced raw herring
gravlax *[grahvlax]* spiced raw salmon

griljerad skinka *[grilyayrad shinka]*
glazed ham
grillad *[grillad]* grilled
grupprabatt group reduction
gräddstuvad *[greddstœvad]* poached
in cream
gränd lane, alley
gräslök *[graiss-lurk]* chives
gröna ärter *[grurna airter]* green peas
grön ärtpuré *[grurn airtpœray]*
green pea soup
grönkål *[grurnkawl]* kale
grönkålssoppa *[grurnkawlssoppa]*
kale soup
grönsaksaffär greengrocer
grönsakssoppa *[grurnsahks-soppa]*
vegetable soup
grönsallad *[grurnsahllahd]* lettuce
gudstjänst church service
guidad tur guided tour
guld gold
gulddoublé gold-plated
guldsmedsaffär goldsmith's shop
gul lök *[gœl lurk]* yellow onions
gurka *[goorka]* cucumber
gynekolog gyn(a)ecologist
gågata pedestrian precinct
gå längst bak i bussen go to the
rear of the bus
... gånger om dagen ... times a day
gångstig footpath
gångtunnel pedestrian subway
gädda *[yedda]* pike
gädda med pepparrot *[yedda med
pepparrōōt]* pike with horseradish
gås *[gawss]* goose
gös *[yurss]* pike-perch
Göta kanal canal right across Sweden
via Vänern and Vättern
Göteborg Gothenburg

H

H (Herrar) gentlemen, men's room
ha (hektar) hectare
hallon *[hallon]* raspberries
halvpension half board, European plan
halvsiden silkette, 50% silk
halvtorrt demi-sec, medium dry
halvö peninsula
hamburgare *[hamboor-yareh]* hamburger
hamn harbo(u)r
handarbetsaffär needlecraft shop
handbagage hand baggage
handgjord handmade
handskar gloves
handtvätt hand wash
hare *[hahreh]* hare
hav sea
HD (Högsta Domstolen) Supreme Court
hed heath
helgdag holiday
helpension full board, American plan
helsiden pure silk
Helsingfors Helsinki (Finland)
helstekt *[haylstaykt]* whole roast
hembygdsgård regional folk museum
heminredning home furnishing and decoration
hemslöjd craft goods
herrekipering menswear
herrfrisering men's hairdresser
herrgård manor house
herrkläder men's clothing
herrskor men's shoes
herrtoalett men's lavatory
hg (hekto(gram)) hectogram
hiss lift, elevator
hittegods lost property, lost and found
hjortron *[yōōrtron]* cloudberries (*orange blackberry-shaped berries, regarded as delicacies*)
hjälptelefon emergency telephone
hk (hästkrafter) hp, horsepower

holme small island, islet
hostmedicin cough medicine
hovdessert (marängsviss) *[hawv-dessair (marengsviss)]* meringue layered with whipped cream and melted plain chocolate
hpl (hållplats) stopping place, bus stop etc
Hr (Herr) Mr
hummer *[hoommer]* lobster
hur står det till? *[hoor stawr day]* how are things?
husgeråd domestic appliances
husvagn caravans, trailers
huvudled main road
huvudrätt *[hoovood-rett]* main course
huvudstad capital city
hytter cabins
håll infarten fri keep entrance free
hållplats stopping place, bus stop etc
håll Sverige rent keep Sweden clean
håll till höger keep to the right
håll till vänster keep to the left
håll utfarten fri keep exit free
hår-och skönhetsvård hair and beauty care
hälleflundra *[helleh-floondra]* halibut
hällristningar prehistoric rock carvings/inscriptions
hälsa till ... *[helssa]* give my regards to ...
hälsokost health foods
hälsokostaffär health food shop/store
högst 7 personer maximum 7 persons
högsta tillåtna hastighet ... km maximum permitted speed ... km/h
hönsfrikassé *[hurnssfrikassay]* chicken fricassée
hönsgryta *[hurnssgrüta]* chicken casserole
hönssoppa *[hurnss-soppa]* chicken soup
hör på listen

In the Swedish alphabet, the letters å, ä and ö come at the end after z.

I

icke rökare non-smokers
idrottsplats sports ground
IF (idrottsförening) sports association
IK (idrottsklubb) sports club
inbakad oxfilé *[inbahkad ōōxfilay]* beef Wellington, fillet of beef baked in pastry
incheckning check-in
industriområde industrial estate
infart entry
inga husvagnar no caravans/trailers
ingefära *[ingefaira]* ginger
ingen ingång no entry
ingen utgång no exit
inget att förtulla nothing to declare
ingång entrance, way in
inkl. (inklusive) including

inkokt *[inkōōkt]* cold boiled
inlagd gurka *[inlagd goorka]* pickled gherkins
inlagd sill *[inlagd]* marinated salt herring
inlandsbanan railway that runs 800 miles up to Gällivare in the far north - a popular tourist route
innehåll contents
innehåller ej konserveringsmedel contains no preservatives
innersöm inside leg measurement
inresedag date of entry
inrikes domestic (flights etc)
inte not
intensivvårdsavdelning intensive care unit
inträde ... admission ...

J

ja *[yah]* yes
jakt hunting
Janssons frestelse *[jahnssons frestelseh]* layers of potato, onion and anchovies baked in cream
januari January
JO (Justitieombudsman) parliamentary commissioner for the protection of citizens' rights vis à vis the authorities
jordgubbar *[yōōrdgoobbar]* strawberries
jordnötter *[yōōrd-nurtter]* peanuts
jordärtskockspuré *[yōōrdairtskockspooray]* artichoke soup

jour on duty
jourhavande läkare doctor on duty
Jubileumsakvavit *[yoobilayoomssakvaveet]* mild-tasting yellow spirit
Juldagen Christmas Day
juli July
juni June
just det *[yoosteh]* that's right
juveler jewel(le)ry
järnhandel ironmonger, hardware store
järpe *[yairpeh]* hazel-grouse
jättebilliga priser prices slashed
jävla dåre *[yaivla dawreh]* bloody idiot

K

k (kallt) cold
kafé café
kafeteria cafeteria
kaffe *[kaffeh]* coffee
kaj quay
KAK (Kungliga Automobilklubben) Royal Automobile Club (*Swedish Motoring Organization*)
kalkon *[kalkōōn]* turkey
kallskuret *[kallskœœret]* cold meats, cold cuts
kallt cold
kalops *[kalops]* beef stew served with beetroot/red beet
kalv *[kalv]* veal
kalvbräss *[kalvbress]* calves' sweetbreads
kalvfilé *[kalvfilay]* fillet of veal
kalvfilé florentine *[kalvfilay florenteen]* fillet of veal on a bed of spinach
kalvfilé Oscar *[kalvfilay oskar]* tenderloin of veal served with lobster, asparagus and béarnaise sauce
kalvfricassé *[kalvfrikassay]* veal fricassée
kalvgryta *[kalvgrüta]* veal stew
kalvlever *[kalvlayver]* calf's liver
kalvrulader *[kalvrœœlahder]* veal roulades
kalvschnitzel *[kalvshnitsel]* veal cutlet
kalvstek *[kalvstayk]* joint of veal
kalvsylta *[kalvsülta]* calves' brawn
kanel *[kahnel]* cinnamon
kanin *[kaneen]* rabbit
kan jag få tala med ...? *[kan yah faw tahla med]* may I speak to ...?
kan jag hjälpa till? *[kan yah yelpa]* may I help you?
kan jag stå till tjänst? *[kan yah staw till chenst]* can I be of assistance?
kapplöpningsbana race-course
kartor maps
kassa cashdesk, till
kassler *[kassler]* smoked tenderloin of pork

kassör cashier
kavring *[kavring]* pumpernickel type bread
kemtvätt dry-cleaner
keso *[kayssōō]* cottage cheese
kiwifrukt *[keeveefrookt]* kiwi fruit
kl (klockan) o'clock
klippa cliff, rock
klippning haircutting
klockor clocks, watches
klosterruin monastery ruins
klädsel: kavaj 'black tie'
knäckebröd *[k-neckeh-brurd]* crispbread
kokt *[kōōkt]* boiled
kokt rimmad *[kōōkt rimmad]* boiled in brine
kolja *[kawlya]* haddock
kommunalhus local government (council) offices
konditori coffee and cake shop
konfektyr confectionery
konjak *[kawnyak]* brandy
konserthus concert hall
konserveringsmedel preservatives
konstgjord artificial
konsthall art gallery
konstutställning art exhibition
konsulat consulate
konto(nummer) bank account (number)
kontorstider office opening hours
korv *[kawrv]* sausage
korvgryta *[kawrvgrüta]* sausage casserole
korvkaka *[kawrvkahka]* minced/ground liver loaf with herbs
korvlåda *[kawrvlawda]* sliced sausage au gratin
kotlett *[kotlett]* cutlet, chop
kr (kronor) crown(s)
krabba *[krabba]* crab
kraftledning power line
kringfartsled by-pass
Kristi himmelfärdsdag Ascension Day
krog pub

In the Swedish alphabet, the letters å, ä and ö come at the end after z.

kronärtskockor *[krōōnairts-kocka]* artichokes

kroppkakor *[kroppkahkor]* potato dumplings stuffed with chopped pork

krusbär *[krōoss-bair]* gooseberries

kryddnejlika *[krüddnayleeka]* clove

krympfri non-crease

kräftor *[kreftor]* crayfish

kräftskiva crayfish party *(major parties held to celebrate crayfish season in August)*

kulisser wings (*in theatre*)

kulle hill

kulturhus arts centre/center

kummel *[koommel]* hake

kummin *[koommin]* caraway

kundtjänst customer service

Kungliga slottet the Royal Palace in Stockholm

Kungsleden long-distance (approx 280 miles) hiking trail in northern Sweden

kupé compartment

kust coast

kuvertavgift cover charge

kvark cottage cheese

kvarter quarter, block

kvitto receipt

kyckling *[chückling]* chicken

kycklinglever *[chücklinglayver]* chicken liver

kylkonserv, skall förvaras kallt cold preserve, must be stored in a cold place

kyrka church

kyrkogård churchyard, cemetery

kåldolmar *[kawldolmar]* cabbage rolls stuffed with rice and minced/ground beef

kålpudding *[kawlpoodding]* minced/ground beef and cabbage baked in the oven

kalrotter *[kawlrurter]* swedes

kålsoppa *[kawlsoppa]* cabbage soup

källa spring (*water*)

kök kitchen

kön sex

Köpenhamn Copenhagen

köping market town

köpkort godtages credit cards accepted

kör försiktigt drive carefully

kör sakta drive slowly

körsbär *[churrsh-bair]* cherries

körsnär furrier

köttbullar *[churtboollar]* meat balls

köttfärslimpa *[churtfairshlimpa]* minced/ground beef loaf

köttfärsrulader *[churtfairshrōōlahder]* roulades of minced/ground beef

köttgrotta *[churtgrotta]* stuffed meat loaf

köttgryta *[churtgrüta]* beef casserole

köttsoppa *[churtsoppa]* clear beef soup with meat and vegetables

L

L (lilla) small, lesser

lake *[lahkeh]* burbot

lammfrikassé lamb fricassée

lammsadel *[lammsahdel]* saddle of lamb

lammstek *[lammstayk]* joint of lamb

landskap landscape; province

landskapsdräkt provincial costume

lanthandel country general store

lapskojs *[lapskawyss]* lobscouse (*broth of meat, vegetables, ship's biscuit etc*)

lavinfara avalanche danger

lax salmon

laxpudding *[laxpoodding]* salmon au gratin

laxöring *[laxurring]* sea trout

ledig vacant; unoccupied, free

lediga rum vacancies

ledigt free, vacant

legitimation proof of identity

legymsallad *[laygümsahllahd]* vegetable salad in mayonnaise

leksaker toys

leksaksaffär toyshop

Leksand small town and tourist centre/center in Dalarna

lever *[layver]* liver

leverbiff *[layverbiff]* fried sliced liver

levergryta *[layvergrüta]* liver casserole
leverpastej *[layverpastay]* liver pâté
likör *[leekurr]* liqueur
limpa carton
linbana cable car
lingon *[lingon]* cowberries (*small and red*)
lingonsylt *[lingonssült]* cowberry jam
linjebuss long-distance bus
Linjeflyg Swedish domestic airline
linjen är dålig *[linyen ay dawlig]* it's a bad line
linne linen
livbälten lifebelts
livs groceries
livsfara danger!
livsfarlig ledning danger! high tension cables
livsmedel groceries
livsmedelsaffär grocer
livsmedelsfärger food colo(u)rings
LO (Landsorganisationen) TUC, Trades Union Congress, Swedish Labor Organization
loge box
luciatåg Lucia *procession of girls dressed in white robes and carrying candles to celebrate St. Lucia's day (13th December)*

lucka ticket counter/window, service point, hatch
luft air
lussekatt *[loosseh-katt]* 'Lucia' buns made with saffron
lutfisk *[lootfisk]* dried fish, soaked in lye and cooked
lyft luren lift the receiver
lågpris low price
Långfredagen Good Friday
långfärdsåkning cross-country skiing
lång last long load
läder leather
lägg på luren replace the receiver
läkarcentral health centre/center
läkarmottagning doctor's surgery, doctor's office
läktare grandstand
lämna företräde give way, yield
lämplig för ... suitable for ...
län county
längd length
lättöl *[lett-url]* low-strength beer
lök *[lurk]* onion
lördag Saturday
lösen stamp-duty
lövbiff *[lurvbiff]* sliced beef fried with onions

M

mack petrol/gas station
maj May
majs *[mahyss]* maize, sweet corn
majskolvar *[mahyss-kolvar]* sweet corn
makrill *[makrill]* mackerel
mald leverbiff *[mahld layverbiff]* minced/ground liver loaf
manufakturaffär draper
margarin *[margareen]* margarine
markerad led way-marked path
mars March
marängsviss (hovdessert) *[marengsviss (hawvdessair)]* meringue layered with whipped cream and melted plain chocolate
matjessill *[matyess-sill]* a type of salt herring
mattaffär carpet and rug shop

mattor carpets
max. vikt maximum weight
mc (motorcykel) motor cycle
med flyg by air
med is *[eess]* with ice
med vanlig post by ordinary mail
mejram *[mayram]* marjoram
mellan between
mellanlandning stopover
mesost *[mayssoost]* sweet whey cheese
messmör *[mayss-smurr]* sweet whey butter
midjevidd waist measurement
midnattssolen the midnight sun
midsommarafton Midsummer's Eve - *occasion for a lot of open-air dancing, partying and drinking*
midsommardagen Midsummer's Day - *public holiday celebrated as main secu-*

In the Swedish alphabet, the letters å, ä and ö come at the end after z.

lar festival
midsommarstång Midsummer Pole
(*decorated and danced around*)
militärt skyddsområde military zone
- restricted access
miljövänlig not harmful to the envi-
ronment
mimosasallad *[meemosasahllahd]* mi-
mosa sallad
minilivs mini grocery shop
minsta avgift minimum price
mjöl *[m-yurl]* flour
mjölk *[m-yurlk]* milk
mocka suede
moms (mervärdesskatt) VAT, value
added tax
morkulla *[mōōrkoolla]* woodcock
morötter *[mōōrurter]* carrots
motionsslinga jogging trail
motorväg motorway, highway
mottagaren betalar cash on delivery
mousserande *[moossayrandeh]* spar-
kling, fizzy

muck *slang word for leaving national/
military service*
musikhandel music shop
musslor *[moosslor]* mussels
motorväg börjar start of motorway/
highway
motorväg upphör end of motorway/
highway
motriktat körfält contra-flow lane
mottagningstider surgery/doctor's
office opening hours
muskot *[mooskot]* nutmeg
myntinkast insert money here
mån (månad) month
månadskort monthly ticket
måndag Monday
mässa mass
mässing brass
möbelaffär furniture shop
möbler furniture
m.ö.h. (meter över havet) metres/
meters above sea level
mötesplats passing-place

N

namnteckning signature
narkosläkare an(a)esthetist
nationalitet nationality
nattklubb nightclub
nattlinje late-night service
nattrafik late-night services
naturreservat nature reserve
naturskön väg scenic route
n.b. (nedre botten) (*UK*) ground
floor, (*USA*) first floor
ned down
nedsatt hörsel caution - deaf people
nedsatt pris reduced price
nedsatt syn caution - blind people
nej *[nay]* no
netto nett
njure *[n-yœreh]* kidney
njursauté *[n-yœrsawtay]* sautéed
kidneys
Nordsjön North Sea
Norge Norway
Norra Stockholm Stockholm North
norrman Norwegian (*man*)
norsk, norska Norwegian

nr (nummer) number
**NTF (Nationalföreningen för
trafiksäkerhetens främjande)** na-
tional society for road safety
nu betjänas nummer ... number ...
now being served
nyponsoppa *[nüponsoppa]* rosehip
soup
nysilver silver-plated
Nyårsdagen New Year's Day
näringsvärde nutritional value
närmaste anhörig next of kin
näs headland
nässelsoppa *[nesselsoppa]* nettle soup
nästa föreställning next performance
nästa hållplats next stop
nästa tömning next collection
nödfall: i nödfall slå sönder glaset
in emergency break the glass
nödsignal alarm signal
nödutgång emergency exit
nöjen entertainments
nöjespark amusement park

O

obehöriga äger ej tillträde no tres-
passing
obs! (observera) NB, attention
odling plantation
ojämn väg uneven road
olja *[awlya]* oil
olycksfall accident
olycksfallsavdelning casualty depart-
ment
omarkerad led non-way-marked path
omkörning förbjuden no over-
taking/passing
omskakas shake well
omväg diversion
onsdag Wednesday
operett operetta
optiker optician

ordf (ordförande) chairman,
chairperson
orkesterdike orchestra pit
orre *[orreh]* blackcock
OS (Olympiska Spelen) Olympic
Games
o.s.a. (om svar anhålles) RSVP,
please reply
ostron *[ōostrawn]* oysters
osv. (och så vidare) etc
oxbringa *[ōoxbringa]* brisket
oxfilé *[ōoxfilay]* fillet of beef
oxragu *[ōoxragω]* beef ragout
oxrulader *[ōoxrωlahder]* rolled beef
with stuffing
oxstek *[ōoxstayk]* joint of beef

P

P (parkeringsplats) car park
paket parcel, package
palsternacka *[palsternacka]* parsnip
paltbröd *[paltbrurd]* black pudding,
blood sausage
pannbiff *[pannbiff]* beefburgers
pannkakor *[pannkahkor]* pancakes
papper paper, stationery
pappershandel stationer
paprika *[papreeka]* green or red
peppers
paprikasallad *[papreekasahllahd]* sal-
ad of chopped peppers
parfym perfume
parkering parking
parkering förbjuden no parking
parkett stalls
pass passport
passnummer passport number
paus interval
pendeltrafik commuter services
(traffic)
pendeltåg commuter train

pennor pencils, pens
pensionat boarding house
pensionärsrabatt pensioner's reduc-
tion
peppar *[peppar]* pepper
pepparrotskött *[pepparrōots-churt]*
boiled beef with horseradish sauce
permanent perm
perrong platform, track
pers. (personer) persons, people
persika *[pairsheeka]* peach
persilja *[pershilyah]* parsley
personal staff
personnummer personal identifica-
tion number
pg (postgiro) post office giro
P-hus (parkeringshus) multi-storey
car park, multi-level parking garage
piggvar turbot
Pingstdagen Whit Sunday
pjäs play
plats seat, place
platsbeställning seat reservations

In the Swedish alphabet, the letters å, ä and ö come at the end after z.

platsbiljetter seat reservations
plommon *[plŏommon]* plum
plommonspäckad   fläskkaré
   [plŏommonspeckad fleskkarray] roast
   pork with prunes
pojkar boys
polcirkeln Arctic Circle
polis police
porslin china
porter *[pŏorter]* brown ale, dark beer
porto postage
poste restante poste restante, general
   delivery
potatis *[pŏotahtis]* potato
potatismos *[pŏotahtismŏoss]* mashed
   potatoes
potatissallad *[pŏotahtis-sahllahd]* pota-
   to salad
presentaffär gift shop

pressad potatis *[pressad pŏotahtiss]*
   riced potatoes, coarsely mashed po-
   tatoes
pressbyrå kiosk selling newspapers,
   confectionery etc
prinskorv *[prinss-korv]* mini-sausages
privat private
provrum fitting room
pund sterling pound sterling
purjolök *[pooryo-lurk]* leek
pyttipanna *[pütt-ee-panna]* hash of
   meat, potato and onion
på kvällen in the evening
på morgonen in the morning
Påskdagen Easter Sunday
påskeld Easter bonfire
päron *[pairon]* pear
pölsa *[purlssa]* haggis

R

rabarber *[rabarber]* rhubarb
rabarberkompott   *[rabarberkompawt]*
   stewed rhubarb
rabarberkräm   *[rabarberkraim]*
   creamed rhubarb
rabatt reduction
rad row
radio/TV-affär radio and TV shop
raggmunkar *[raggmoonkar]* potato
   pancakes
rakning shave
Ramlösa *[ramlurssa]* mineral water
rapphöns *[rapphurnss]* partridge
rastplats lay-by
rea sale
receptbelagd available only on pre-
   scription
receptfritt no prescription needed
Reformationen the Reformation
regissör director
renat (brännvin)   *[raynat (brenn-*
   veen)]   colo(u)rless   unflavo(u)red
   schnapps
ren bomull pure cotton
ren ny ull pure new wool
rensadel *[raynsahdel]* saddle of rein-
   deer
renstek *[raynstayk]* joint of reindeer

resebyrå travel agency
resecheck travellers' cheque, trav-
   eler's check
reseffekter luggage, travel requisites
reservat reserve
reserverat reserved
resgodsinlämning left luggage office,
   baggage checkroom
residens official residence, seat of
   County Governor
restaurang restaurant
restaurangvagn restaurant car
retur money returned
revbensspjäll *[rayvbayns-spyell]* spare
   ribs
revy review, show
RFSU (Riksförbundet för sexuell
   upplysning) national society for sex
   education
ridning riding
ridväg riding track
ridå curtain
Riksdagshuset the Parliament build-
   ing in Stockholm
ringlinje circular service
ringväg ring road
ripa *[reepa]* grouse
ris *[reess]* rice

ris a la Malta *[reess a la mallta]* rice pudding with whipped cream and jam

risgrynsgröt *[reessgrünssgrurt]* rice and milk porridge

risgrynspudding *[reessgrünsspoodding]* rice and milk pudding

roll role, part

rondell roundabout, rotary

rosévin *[rawssay-veen]* rosé wine

rosmarin *[rōōssmarin]* rosemary

rostbiff *[rostbiff]* rare roast beef

rostfritt stål stainless steel

rotmos *[rōōtmōōss]* mashed turnips

rulltrappa escalator

rum room(s)

rumsbetjäning room service

rumsförmedling accommodation(s) enquiries

rundtur med ciceron guided tour

runsten rune stone (*inscribed memorial stone from the Viking Age*)

ryss, ryska Russian

Ryssland Russia

råbiff *[rawbiff]* steak tartar

rådhus town hall

rådjurssadel *[raw-yɔɔrsh-sahdel]* saddle of roe deer

rådjursstek *[raw-yɔɔrsh-stayk]* joint of roe deer

rågbröd *[rawgbrurd]* rye bread

rårivna morötter *[rawreevna mōōrurter]* grated carrots

räddningsbåt lifeboat

räddningstjänst emergency/rescue services

räkomelett *[raikomelett]* shrimp omelet(te)

räkor *[raikor]* shrimps

räksallad *[raiksahllahd]* shrimp salad

rälsbuss rail bus

rätt *[rett]* course, dish

röda vinbär *[rurda veenbair]* redcurrants

rödbetor *[rurdbaytor]* beetroot, red beet

röding *[rurding]* char

rödspätta *[rurdspetta]* plaice

rödkål *[rurdkawl]* red cabbage

rödlök *[rurdlurk]* red onions

rödvin *[rurdveen]* red wine

rökare smokers

rökning förbjuden no smoking

rökning tillåten smoking permitted

rökt *[rurkt]* smoked

röntgen X-ray

S

s:a (summa) total

SAF (Svenska Arbetsgivarföreningen) Confederation of Swedish Employers

saft juice

saftkräm *[saftkraim]* fruit purée

saftsoppa *[saftsoppa]* fruit juice soup

salong auditorium

saltgurka *[salltgoorka]* salt gherkin

salt sill *[sallt]* salt herring

salva ointment, salve

samhälle community, society

samtal med föraren förbjudet do not speak to the driver

sandstrand sandy beach

sank mark boggy ground

sardiner *[sardeener]* sardines

savarin *[savareng]* rum baba

savojkål *[savaw-y-kawl]* savoy cabbage

scen stage

SCF (Svenska Cykelförbundet) Swedish Cycling Association

sedelautomat note-operated pump

sedeltanka note-operated pump

sedlar notes (*money*)

segling sailing

sekr. (sekreterare) secretary

selleri *[sellayree]* celery

sellerikål *[sellayreekawl]* Chinese leaves

semesterby holiday village

semlor *[semlor]* Lenten buns with marzipan and fresh cream

senap *[saynap]* mustard

senapssill *[saynapssill]* salt herring in mustard sauce

sent late

servering café

In the Swedish alphabet, the letters å, ä and ö come at the end after z.

serviceavgift: 15% serviceavgift inräknad 15% service charge included

se upp caution

se upp för trappsteget mind the step

sevärdhet place of interest

SF (sportförening) sports association

shalottenlök *[shalottenlurk]* shallot

sign. (signatur) signature

signallina bell-cord (*in buses*)

sik *[seek]* char

silke silk

sillbullar *[sillboollar]* herring balls

sillgratäng *[sillgrateng]* herring au gratin

sillpudding *[sillpoodding]* herring au gratin

sillsallad *[sillsahllahd]* herring salad

silltallrik *[silltallreek]* assorted herrings

simhall swimming baths

sista tåget the last train

sittplats seat

SJ (Statens Järnvägar) National Railways/Railroads

sjukhus hospital

självbetjäning self-service

självhushåll self-catering

självplockning pick your own fruit

självservering self-service

självtankning self-service petrol/gas

sjö lake

sjömansbiff *[shurmanssbiff]* beef, onion and potato casseroled in beer

SK (sportklubb) sports club

skall förvaras kallt keep in a cold place

Skansen amusement park, zoo and open-air museum in Stockholm

skeppssättning ship-setting (*grave monument of stones laid out in the shape of a ship*)

SKF (Svenska Kanotförbundet) Swedish Canoe Association

skidlektioner skiing lessons

skidlift ski lift

skidspår ski trail

skidutrustning skiing equipment

skinka *[shinka]* ham

skivor records

skjut push

skjutbana shooting range

skoaffär shoe shop/store

skog wood, forest

skola school

skollov school holidays/vacation

skolskjuts school bus

skorpor *[skawrpor]* rusks

skridskobana skating rink

skräddare tailor

skådespelare actor

skådespelerska actress

Skåne akvavit *[skawneh akvaveet]* a schnapps flavo(u)red with caraway, aniseed and fennel

skånsk kryddsill *[skawnsk krüddsill]* Skåne spiced herring

skärgård archipelago

skönhetssalong beauty salon

skötrum för baby mother and baby room, baby-changing room, crèche

slaktare butcher

slingrande väg bends

slipat glas cut glass

slirig körbana slippery road

slott castle, palace

slottsstek *[slottstayk]* pot roast with anchovies, brandy and syrup

slå numret dial number

slätt plain

slätvar *[slaitvar]* brill

SM (Sverigemästerskapen) Swedish championship

smultron *[smooltron]* wild strawberries

småländsk ostkaka *[smawlendsk ōōstkahka]* a sort of baked, set whey-custard flavo(u)red with almond and eaten hot

smårätter *[smaw-retter]* snacks

småstad small town

smör *[smurr]* butter

smörgåsbord *[smurrgawss-bōōrd]* the famous Scandinavian buffet table with an enormous variety of fish, meat, cheese and salad

snabbköp self-service

snabbtvätt launderette, laundromat

snaps schnapps

SNF (Svenska naturskyddsföreningen) Swedish Association for Conservation of Nature

sniglar *[sneeglar]* escargots, snails

snälltåg through train

sockerdricka lemonade

SOF (Svenska Orienteringsförbundet) Swedish Orienteering Association

s.o.h. (sön-och helgdagar) Sundays and holidays

sopnedkast rubbish/garbage chute

sopor rubbish, garbage

soppa *[soppa]* soup

sotare *[sōōtareh]* grilled Baltic herring

souvenirer souvenirs

sovvagn sleeper, sleeping car

sovvagnsbiljetter sleeping car tickets

spaghetti (med köttfärssås) *[churtfairshsawss]* spaghetti in a minced/ ground beef sauce

sparris *[sparris]* asparagus

sparrissoppa *[sparris-soppa]* cream of asparagus soup

speceriaffär special offer

spenat *[spaynaht]* spinach

spets lace

sportaffär sports shop

sportfiske angling

sporthall sports hall

sprit får ej serveras till personer under 18 år spirits may not be served to persons under 18 years of age

sprängd anka *[sprengd anka]* boiled salt duck

sprängd gås *[sprengd gawss]* boiled salt goose

sprängningsarbete blasting in progress

spår platform, track

spärr barrier

squash pumpkin, squash

SRCF (Svenska Ridsportens Centralförbund) Swedish Equestrian Federation

SR/TV (Sveriges Radio/TV) Swedish State Radio/TV

SSF (Svenska Seglarförbundet) Swedish Sailing Association

SSF (Svenska Skidförbundet) Swedish Skiing Association

St (stora) big, greater

st. (styck) per item

stad town

stadion stadium

stadshus town hall

stadsrundtur city tour

stanna här stop here

stannar på begäran stops on request

starköl *[stark-url]* strong beer

stekt *[staykt]* fried

stekt isterband *[staykt isterband]* a type of fried sausage (*from Småland*)

stenras falling rocks

stenskott loose stones

STF (Svenska turistföreningen) Swedish Tourist Association

stig footpath

stig på utan att knacka enter without knocking

stolpiller suppositories

stopp stop

stoppa i ... insert coins to the value of ...

Storkyrkan Stockholm cathedral

storlek size

storstad major town/city

strand shore

strykfri non-iron

strömming *[strurming]* Baltic herring

strömmingsflundror *[strurmingsfloondror]* fillets of Baltic herring stuffed with parsley

strömmingslåda *[strurmings-lawda]* Baltic herring oven baked in milk with dill and onions

studentrabatt student reduction

stuga cottage, cabin

stugby holiday cabin village

stussvidd hip measurement

stuvad *[støvad]* poached in white sauce

stuvade makaroner *[støvadeh makarōōner]* macaroni in white sauce

stygn stitch

stål steel

stängt closed

stör ej do not disturb

sund strait, sound

surstek *[søorstayk]* steak marinated for approx 1 week

surströmmingsskiva *[søorstrurmmingssheeva]* party at which fermented Baltic herring is eaten (*end August*)

svampgratinerad oxfilé *[svampgratinayrad ōōxfilay]* fillet of beef and mushrooms au gratin

svarta vinbär *[svahrta veenbair]* blackcurrants

svartsoppa *[svahrtsoppa]* black soup made of goose blood

Sveriges nordligaste/sydligaste ... Sweden's northernmost/southernmost ...

sybehörsaffär haberdasher's shop,

In the Swedish alphabet, the letters å, ä and ö come at the end after z.

notions store
syltomelett *[sültomelett]* sweet omelet(te) with jam
systembolag off-licence, liquor store
sångare singer *(man)*
sångerska singer *(woman)*

sängar beds
sängkläder bedclothes
Södra Stockholm Stockholm South
sömmerska dressmaker
söndag Sunday
sött *[surt]* sweet

T

tablett: 1 tablet 3 gånger dagligen efter maten 1 tablet three times a day after food
tack, bra fine thanks
tack för maten *[furr mahten]* thanks for the food
tack för senast/sist *[furr saynast/seest]* literally: thanks for your hospitality last time we met - a polite formula which Swedes would consider it rude to omit on meeting one's host again
tack så mycket *[saw mückeh]* thanks very much
tag köbricka take a ticket for the queue/line
takmålningar painted ceilings
tandläkarmottagning dental surgery, dentist
tanka själv self-service petrol/gas
T-bana (tunnelbana) underground railway, subway
T-benstek *[tay-baynstayk]* T-bone steak
té *[tay]* tea
teater theatre, theater
telefon telephone
telefonkatalog telephone directory
tenn pewter
t.ex. (till exempel) eg, for example
tfn (telefon) telephone
t.h. (till höger) to the right
tidigt early
tidningar newspapers
tidskrifter magazines
tidtabell timetable, schedule
till ... to ...
till båtarna to the boats
till salu for sale
tillsatsämnen additives
till spåren to the platforms/tracks
tillträde endast för personal staff

only
tillträde förbjudet no access
till utvärtes bruk for external use
tillåten permitted
tim. (timme) hour
timjan *[timyan]* thyme
tingshus courthouse
tisdag Tuesday
tjäder *[chaider]* capercailzie
tjälskott frost damage
tjänstgöringsordning duty rota
tjärn tarn
toalett(er) toilet(s), rest room(s)
tobaksaffär tobacconist, tobacco store
t.o.m (till och med) up to and including
tomat *[tomaht]* tomato
tomatsoppa *[tomahtsoppa]* cream of tomato soup
tomgångskörning högst 1 minut no stopping with an idling engine for longer than 1 minute
toning tinting
t.o.r. (tur och retur) return/roundtrip ticket
torg square
torkrum drying room
torn tower
torrt dry
torsdag Thursday
torsk *[tawrsk]* cod
tr: 1 tr; 2 tr (1 trappa upp; 2 trappor upp) *(UK)* first floor, *(USA)* second floor; *(UK)* second floor, *(USA)* third floor
tranbär *[trahnbair]* cranberry
travbana trotting track
Trettioåriga kriget 30 Years' War, 1618-48
Trettondagen Epiphany
trikåvaruaffär hosiery shop

tryck press
tryck här press here
tryck knappen press button
tryckluftsmätare air-pressure gauge
trycksaker printed matter
träd tree(s)
trädgård garden
T-sprit methylated spirits
tull customs
tulldeklarationsblankett customs declaration form
tullfritt duty-free
tunga *[toonga]* tongue
turiststation mountain hotel with cabins and other facilities
turlista timetable, schedule
t.v. (till vänster) to the left
tvål soap
tvätt(inrättning) laundry

tvättning och läggning wash and set
tvättstuga washing room, laundry
tysk, tyska German
Tyskland Germany
tåg train
tål ej kemtvätt do not dry clean
tål ej vattentvätt not washable
tål endast handtvätt handwash only
tål strykas med svagaste/måttlig/ hög värme iron at low/medium/high temperature
tål vattentvätt upp till 30° water wash up to 30°
tårta *[tawrta]* gateau
tält tents
tältning förbjuden no camping
tältplats camping site
tömningstider collection times

U

udde point, headland
ugnsbakad skinka *[oongnssbahkad shinka]* oven-baked ham
ugnskokt fiskfilé *[oongns-kōōkt fiskfilay]* oven-baked fillet of fish
ugnspannkaka *[oongnsspannkaka]* baked pancake
ugnsstekt revbensspjäll *[oongns-staykt rayvbayns-spyell]* roast spare ribs
ungdomar young people
Unionsupplösningen dissolution of union with Norway 1905
upa (utan personligt ansvar) without personal responsibility
upp up
uppehållstillstånd residence permit
upplysningar enquiries
upptaget occupied, engaged

ur funktion out of order
urmakare watchmaker
ur spår *[ōōr spawr]* out of my way (*when skiing*)
ursäkta mig *[ōōrshekta may]* excuse me
utbetalningar withdrawals, payments
uteservering open-air café
utfart exit, way out
utförsåkning downhill skiing
utförsäljning closing-down sale
utgång exit, way out
utgång bak rear exit
utom söndagar except Sundays
utresedag date of exit
utrikes international (*flights etc*)
utsiktspunkt viewpoint
utställning exhibition
utsålt sold out

In the Swedish alphabet, the letters å, ä and ö come at the end after z.

V

v (varmt) hot; (vägen) road
vad får det lov att vara? *[vah fawr duy luvv att vahrah]* can I help you? *(in shop)*
vaktmästare janitor, caretaker; waiter
valborgsmässoeld Walpurgis Night bonfire *(30th April)*
vandrarhem youth hostel
vandrarled hiking trail
vard. (vardagar) weekdays
var god ring please ring
var god vänta please wait
varmkorv *[vahrmkawrv]* sausage
varmrätt *[vahrmrett]* main course
varmt hot
varning för hunden beware of the dog
varor byts endast mot kvitto goods only exchanged on production of receipt
varor kan inte bytas goods may not be exchanged
varsågod *[varshawgōōd]* please, you're welcome
varudeklaration description of merchandise
varuhus department store
Vasaloppet Vasa Race, *annual mass ski-race over 50 miles in Dalarna*
Vasaskeppet early 17th century warship, preserved in Stockholm
vatten water
Vattenfall State power generating board
vattenskidåkning water-skiing
VD (verkställande direktör) managing director
veckans program this week's program(me)
veckobiljett weekly ticket
verkstad garage
vetebröd *[vayteh-brurd]* teacake
v.g. (var god) please
vik bay
vikt weight
vikt högst maximum weight
vilda djur wild animals

viltstängsel upphör end of wildlife fence
vingelé *[veenshelay]* wine jelly
vinkokt *[veenkōōkt]* cooked in wine
vinkokt sjötunga *[veenkōōkt shurtoonga]* sole cooked in wine
visas för allmänheten on public show
vistelsens längd length of visit
visum visa
vitkål *[veetkawl]* white cabbage
vitling *[vitling]* whiting
vitlök *[veetlurk]* garlic
vitt formbröd *[veett fawrmbrurd]* white (British/American-style) bread
vitt matbröd *[mahtbrurd]* white bread
vitt vin *[veett veen]* white wine
VM (Världsmästerskapen) World Championship
vrakpriser rock bottom prices
vuxna adults
VVS (Värme-, ventilations-och sanitetsteknik) plumbing and heating engineers
våfflor *[vawflor]* waffles
våning 1 tr *(UK)* first floor, *(USA)* second floor
Väderlekstjänsten the Meteorological Office
väg road
vägarbete roadwork(s)
vägen avstängd road closed
väggmålningar murals
välj fil get in lane
vändkors turnstile
vändzon turning area
väntrum, väntsal waiting room
värdshus inn
värme heat, heating
värnplikt national/military service
väskaffär handbag shop
västkustsallad *[vestkoost-sahllahd]* west coast salad, shellfish salad
Västra Stockholm Stockholm West
växel (ex)change, bureau de change
växelkurs rate of exchange

W

wienerbröd *[veenerbrurd]* Danish pastry

wienerkorv *[veenerkorv]* frankfurter-style sausage

Y

ylle wool

yrke/titel profession/title
ytbefordran surface mail

Å

å river
Åbo Turku (Finland)
ål *[awl]* eel
ångkokt salt sill *[awngkōōkt sallt]* steamed salt herring
årskort yearly ticket
återvändsgata/väg no through road, dead end

Ä

ägg *[egg]* egg
äggröra *[eggrura]* scrambled eggs
älg moose
älgstek *[elyeh-stayk]* joint of elk
älv river
äppelkräm *[eppelkraim]* apple fool
äppelmos *[eppelmōōss]* apple purée
äpple *[eppleh]* apple

äpplekaka med vaniljsås *[eppleh-kahka med vanilyeh-sawss]* apple crumble with vanilla sauce
ärter *[airter]* peas
ärtsoppa *[airtsoppa]* (yellow) pea soup
ättika *[ettika]* vinegar
ättikssill *[ettikssill]* soused herring
ättiksströmming *[ettiksstrurming]* soused Baltic herring

Ö

ö island
ögondroppar eyedrops
ögonvatten eyebath
öl *[url]* beer
öppet open
öppettider opening hours

öppnas här open here
Östersjön the Baltic Sea
Östra Stockholm Stockholm East
övergångsställe pedestrian crossing
överviktsavgift excess baggage charge

Reference Grammar

NOUNS

GENDER

All Swedish nouns are either common gender or neuter:

common	neuter
en gata a street	**ett land** a country
en bil a car	**ett hus** a house

Most genders must be learnt but there are some general rules.

Most nouns denoting humans and animals, and the days, months and seasons are common gender. Most nouns that have the following endings are also common gender: **-ad, -are, -dom, -else, -het, -ing, -ion, -ism, -lek**. For example:

en kvinna	a woman
en hund	a dog
en lärare	a teacher
en månad	a month
en sjukdom	an illness
en rörelse	a movement

Names of continents, countries, provinces and towns are treated as neuter. Nouns with the following endings are also neuter: **-ek, -em, -iv, -um**. For example:

ett apotek	a pharmacy
ett problem	a problem
ett motiv	a motive
ett museum	a museum

PLURALS

Swedish nouns form their plurals in one of five different ways:

singular	plural ending	plural
flicka	add **-or**	**flickor** girl(s)
bil	add **-ar**	**bilar** car(s)
student	add **-er**	**studenter** student(s)
hjärta	add **-n**	**hjärtan** heart(s)
barn	no change	**barn** child(ren)

Most plurals will have to be learnt but there are some general rules:

- common genders ending in **-a** drop the **-a** and add **-or**
- common genders ending in **-e**, **-el**, **-en**, **-er**, **-dom**, **-ing** add **-ar**
- either gender ending in **-nad**, **-skap**, **-är**, **-het**, **-else**, **-ion** add **-er**
- neuters ending in a vowel add **-n**
- common genders ending in **-are**, **-er**, **-ande**, **-ende** have no change

For example:

en kvinna	a woman	**två kvinnor**	two women
en klänning	a dress	**två klänningar**	two dresses
en station	a station	**två stationer**	two stations
ett äpple	an apple	**två äpplen**	two apples
en bagare	a baker	**två bagare**	two bakers

Note the following very common irregular plurals:

man	**män**	man (men)
bror	**bröder**	brother(s)
far	**fäder**	father(s)
dotter	**döttrar**	daughter(s)
mor	**mödrar**	mother(s)

Most nouns of quantity do not take a plural ending. For example:

en kilometer	**två kilometer**
en kilo	**två kilo**

Note that some of the nouns that add **-er** also change the preceding vowel. For example:

hand	**händer**	hand(s)
land	**länder**	country (countries)
bok	**böcker**	book(s)

ARTICLES

THE INDEFINITE ARTICLE (A, AN)

The form of the article depends on whether the noun is common gender or neuter:

common	neuter
en	**ett**

For example:

en stad   **ett bord**
a town   a table

THE DEFINITE ARTICLE (THE)

The Swedish definite article is suffixed, i.e. it is added directly onto the end of the noun. It also changes according to the gender of the noun and to whether it is singular or plural:

common sing.	neuter sing.	pl. both genders
-en	**-et**	**-na**

For example:

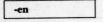		**hunden**	the dog	**hundar**	dogs	**hundarne**	the dogs
bil	car	**bilen**	the car	**bilar**	cars	**bilarna**	the cars
äpple	apple	**äpplet**	the apple	**äpplen**	apples	**äpplena**	the apples
land	land	**landet**	the land	**länder**	lands	**länderna**	the lands

Note particularly that neuter nouns with no change in the plural have a special plural definite article:

-en

For example:

barn	child	**barnet**	the child	**barn**	children	**barnen**	the children
hus	house	**huset**	the house	**hus**	houses	**husen**	the houses

Nouns ending in a vowel or **-el** or **-er** in the singular, only add the **-n** or the **-t** of the singular definite article:

en flicka	a girl	**flickan**	the girl
en nyckel	a key	**nyckeln**	the key

Nouns that add **-n** to form the plural, only add the **-a** of the plural definite article:

hjärtan	hearts	**hjärtana**	the hearts

THE POSSESSIVE OF NOUNS

The possessive of nouns is formed by the addition of **-s**. It is used much more frequently than in English, especially in situations where English would have the preposition 'of'. Note that there is no apostrophe. For example:

Jans bil	Jan's car
Sveriges huvudstad	the capital of Sweden
blommans färg	the colo(u)r of the flower

Notice that the second noun never takes a suffixed definite article.

ADJECTIVES

Swedish adjectives change their endings depending on whether the noun they are used with is common gender, neuter or plural and depending on whether they are used with the indefinite or the definite article.

The endings with the indefinite article are:

common	neuter	plural
no ending	-t	-a

For example:

han har en svensk bil	he has a Swedish car
vi köpte ett svenskt bord	we bought a Swedish table
de läser svenska böcker	they read Swedish books

Notice that these endings are also used when the adjective appears after the noun:

bilen är svensk	the car is Swedish
bordet är svenskt	the table is Swedish
böckerna är svenska	the books are Swedish

The ending with the definite article is **-a** for both genders and for the plural. In the construction 'definite article + adjective + noun' there has to be an additional definite article as well as the suffixed article:

common	neuter	plural
den -a	det -a	de -a

For example:

den svenska bilen	**det svenska bordet**	**de svenska böckerna**
the Swedish car	the Swedish table	the Swedish books

Note that the additional plural article **de** is pronounced *dom*.

A few adjectives that end in **-a**, **-e** and **-s** never change their form irrespective of where they appear. For example:

bra   good   **främmande**   foreign   **gammaldags**   old-fashioned

POSSESSIVE ADJECTIVES (MY, YOUR etc)
Some of these change according to gender and plural, some do not:

	common	neuter	plural
my	min	mitt	mina
your (sing.)	din	ditt	dina
his	hans	hans	hans
her	hennes	hennes	hennes
its	dess	dess	dess
our	vår	vårt	våra
your (pl.)	er	ert	era
their	deras	deras	deras
his/her/its/their (reflexive)	sin	sitt	sina

For example:

var är din bil?	where is your car?
mina böcker är på bordet	my books are on the table
vårt hus är mycket stort	our house is very big

The forms **sin/sitt/sina** are reflexive. They qualify the object and refer back to the subject of the clause in which they occur. They have the sense of the English 'his own' etc:

    han älskar sin fru   he loves his (own) wife

Note that if an ordinary adjective is used together with a possessive adjective, the former always takes the **-a** form:

    min svenska bil   my Swedish car

COMPARATIVES AND SUPERLATIVES (BIGGER, BIGGEST etc)
These are formed by adding **-are** and **-ast** to the adjective:

    kall   cold   **kallare**   colder   **kallast**   coldest

A few common adjectives are slightly irregular and a small number are completely irregular:

stor	big	**större**	bigger	**störst**	biggest
ung	young	**yngre**	younger	**yngst**	youngest
lång	long	**längre**	longer	**längst**	longest
liten	small	**mindre**	smaller	**minst**	smallest
god, bra	good	**bättre**	better	**bäst**	best
dålig	bad	**sämre**	worse	**sämst**	worst
gammal	old	**äldre**	older	**äldst**	oldest

To make a comparison of the type 'cheaper than ...' use **än**:

> **bilen var mindre än båten**   the car was smaller than the boat

To make a comparison of the type 'as ... as ...' use **lika ... som**:

> **Jan är lika stor som Olle**   Jan is as big as Olle

To make a comparison of the type 'not as ... as ...' use **inte så ... som**:

> **Ulla är inte så stor som Anna**   Ulla is not as big as Anna

PRONOUNS

PERSONAL PRONOUNS

subject form		object form	
jag	I	**mig**	me
du	you (sing.)	**dig**	you (sing.)
han	he	**honom**	him
hon	she	**henne**	her
den	it	**den**	it
det	it	**det**	it
vi	we	**oss**	us
ni	you (pl.)	**er**	you (pl.)
de	they	**dem**	them

Notice that **mig** and **dig** are pronounced *may* and *day*, and both **de** and **dem** are pronounced *dom*.

The use of **ni** as a formal 'you' singular is now old-fashioned. It is still to be heard among older people, however, and is the written norm in business correspondence.

Note that **den** refers to nouns of common gender, **det** to those that are neuter:

> **boken är ny – jag köpte den idag**
> the book is new – I bought it today
> **bordet är nytt – jag köpte det idag**
> the table is new – I bought it today

In the construction 'it is/that is' + noun always use the neuter **det är**:

> **det är mitt hotell**
> that's my hotel
> **det är inte min bil**
> that's not my car

THE USE OF **MAN**

Swedish makes very frequent use of the indefinite pronoun **man** (one) where English has a general 'you', 'they' or 'people'. **Man** does not have the class tone of 'one'. Some examples are:

> **men vad kan man göra?**
> but what can you do?
> **man säger att han är rik**
> they say he is rich

THE RELATIVE PRONOUN (WHO, WHICH etc)

The Swedish relative pronoun **som** can be used to translate the English 'who', 'whom', 'which', 'that'. For example:

> **jag har en bil, som jag köpte i Sverige**
> I have a car that I bought in Sweden
> **människor som talar svenska**
> people who speak Swedish

REFLEXIVE PRONOUNS (MYSELF, YOURSELF etc)

mig	myself	**oss**	ourselves
dig	yourself (sing.)	**er**	yourselves (pl.)
sig	him/her/itself	**sig**	themselves

These are used when the subject and object of the verb are identical. Only the **sig** forms differ from the object forms of the personal pronouns. **Sig** is pronounced *say*.

han beundrade sig	he admired himself
hon stängde dörren efter sig	she shut the door after her(self)

It is necessary to use these pronouns with many more verbs (reflexive verbs) in Swedish than in English. For example:

vi tvättar oss i badrummet	we wash in the bathroom
han rakade sig i morse	he shaved this morning
jag skyndade mig till stationen	I hurried to the station

POSSESSIVE PRONOUNS (MINE, YOURS etc)

Possessive pronouns in Swedish are identical to the possessive adjectives. Like them they must agree with the noun. For example:

bilen är min	the car is mine
huset är mitt	the house is mine
böckerna är mina	the books are mine

VERBS

Swedish verbs have only one form per tense:

jag dricker	I drink
du dricker	you drink
han/hon/den/det dricker	he/she/it drinks
vi dricker	we drink
ni dricker	you drink
de dricker	they drink

jag är	I am
du är	you are
han/hon/den/det är	he/she/it is
vi är	we are
ni är	you are
de är	they are

jag har	I have
du har	you have
han/hon/den/det har	he/she/it has
vi har	we have
ni har	you have
de har	they have

Swedish verbs, like English verbs, are of two main kinds: weak verbs that form certain of their tenses by adding an ending (e.g. 'he loves', 'he loved') and strong verbs that form them by a vowel change (e.g. 'he swims', 'he swam'). It is also convenient to sub-divide Swedish weak verbs into three classes, as there are differences in the endings used in each class for the various tenses.

THE PRESENT, IMPERFECT AND PERFECT TENSES
To form the present tense of all verbs and the imperfect of weak verbs, endings are added to the stem of the infinitive ('to love', 'to put' etc). Notice that almost all Swedish infinitives end in **-a**.

The perfect tense is always formed by using **har** (the present tense of the verb **ha** 'to have') together with the past participle (see pages 114–115).

	WEAK				STRONG
	1	2a	2b	3	
inf.	**älska** to love	**ställa** to put	**köpa** to buy	**bo** to live	**dricka** to drink
pres.	**älsk-ar**	**ställ-er**	**köp-er**	**bo-r**	**drick-er**
imp.	**älsk-ade**	**ställ-de**	**köp-te**	**bo-dde**	**drack**
perf.	**har älsk-at**	**har ställ-t**	**har köp-t**	**har bo-tt**	**har druckit**

There are no rules for telling to which class a verb belongs, nor for telling whether it is weak or strong.

Notice that verbs like **höra** whose stems end in **-r** do not add an ending in the present tense:

>**jag hör dig** I hear you
>**hon kör fort** she drives fast

The use of the tenses is similar to that of English but notice that the functions of the English continuous tense (e.g. 'I am reading') and the 'do' + infinitive construction (e.g. 'I did not see the film') are expressed by the simple tense. Examples of the use of the tenses are:

jag läser tidningen varje dag	I read the paper every day
vi talade inte om filmen	we did not talk about the film
han har druckit för mycket öl	he has drunk too much beer
vad gör du nu?	what are you doing now?
telefonen ringde hela dagen	the telephone was ringing all day
de har bott i Sverige	they have lived in Sweden

STRONG AND IRREGULAR VERBS

The following is a list of the most common strong and irregular verbs. The parts given, from left to right, are: infinitive, present, imperfect, past participle.

be	*ask, pray*	ber	bad	bett
bjuda	*offer, invite*	bjuder	bjöd	bjudit
bli (bliva)	*become*	blir	blev	blivit
brinna	*burn*	brinner	brann	brunnit
bryta	*break*	bryter	bröt	brutit
bära	*carry, bear*	bär	bar	burit
dra	*pull*	drar	drog	dragit
dricka	*drink*	dricker	drack	druckit
dö	*die*	dör	dog	dött
falla	*fall*	faller	föll	fallit
fara	*travel*	far	for	farit
finna	*find*	finner	fann	funnit
finnas	*exist, be*	finns	fanns	funnits
flyga	*fly*	flyger	flög	flugit
frysa	*freeze*	fryser	frös	frusit
få	*get*	får	fick	fått
försvinna	*disappear*	försvinner	försvann	försvunnit
ge	*give*	ger	gav	gett (givit)
gråta	*weep*	gråter	grät	gråtit
gå	*walk, go*	går	gick	gått
göra	*do, make*	gör	gjorde	gjort
ha	*have*	har	hade	haft
heta	*be called*	heter	hette	hetat
hålla	*hold*	håller	höll	hållit
komma	*come*	kommer	kom	kommit
kunna	*be able*	kan	kunde	kunnat
ligga	*lie*	ligger	låg	legat
ljuga	*tell lies*	ljuger	ljög	ljugit
låta	*let, allow*	låter	lät	låtit
lägga	*lay, put*	lägger	lade	lagt
måste	*must*	måste	måste	måst

se	*see*	ser	såg	sett
sitta	*sit*	sitter	satt	suttit
sjunga	*sing*	sjunger	sjöng	sjungit
sjunka	*sink*	sjunker	sjönk	sjunkit
skjuta	*shoot, push*	skjuter	sköt	skjutit
skriva	*write*	skriver	skrev	skrivit
slita	*tear*	sliter	slet	slitit
slå	*hit, beat*	slår	slog	slagit
sova	*sleep*	sover	sov	sovit
springa	*run*	springer	sprang	sprungit
stiga	*climb, step up*	stiger	steg	stigit
stjäla	*steal*	stjäl	stal	stulit
stå	*stand*	står	stod	stått
säga	*say*	säger	sa (sade)	sagt
sälja	*sell*	säljer	sålde	sålt
sätta	*set, put*	sätter	satte	satt
ta	*take*	tar	tog	tagit
vara	*be*	är	var	varit
veta	*know*	vet	visste	vetat
vilja	*want to*	vill	ville	velat
vinna	*win*	vinner	vann	vunnit
äta	*eat*	äter	åt	ätit

THE FUTURE TENSE

There are three ways of expressing the future in Swedish:

(1) **ska** (present tense of **skola**) + infinitive. This often expresses intention:

jag ska köpa en ny bil idag   I'm going to buy a new car today

(2) **kommer att** (present tense of **komma**) + infinitive. This is used in 'it' constructions like the following:

det kommer att snöa imorgon   it will snow tomorrow

(3) present tense of the verb + an expression of future time:

de reser hem nästa vecka   they are going home next week

S-FORMS OF THE VERB

A simple way of forming the passive in Swedish is to add **-s** to the tense form of the verb. In the present tense the **-er** ending is dropped, as is the **-r** of **-ar** endings:

han bakade en kaka   **kakan bakades av honom**
he baked a cake   the cake was baked by him

A number of very common Swedish verbs only occur in the **s**-form even though they have an ordinary active meaning. Among them are **hoppas** 'to hope', **trivas** 'to thrive, get on well', **finnas** 'to exist, be':

jag hoppas att du trivs här   I hope that you like it here

The **s**-passive is frequently used on notices to give information or commands:

frukost serveras kl.8   **öppnas här!**
breakfast is served at 8 a.m.   open here

NEGATIVES

Negative sentences are formed by placing **inte** (not) after the verb or, in the case of the perfect and the future, between **har** or **ska** and the infinitive:

> **han är inte här idag**
> he is not here today
> **jag förstod inte vad de sade**
> I didn't understand what they said
> **du har inte sett filmen**
> you haven't seen the film
> **vi ska inte stanna där**
> we won't stay there

The object form of the personal pronoun may come before **inte**:

> **jag känner honom inte**
> I don't know him

Other negative words are **ingen** (neuter **inget**, plural **inga**) and **inte någon** (neuter **inte något**, plural **inte några**) meaning 'none', 'not any', 'no'. They are used together with nouns and must agree both as to gender and singular/plural:

> **Erik har ingen bil**
> Erik has no car
> **vi har inga resväskor**
> we have no suitcases

The old-fashioned negative **ej** will often be seen on warning notices:

> **ej ingång**   **ej utgång**
> no entry   no exit

IMPERATIVE (GIVING COMMANDS)

The form of the imperative depends on the class of the verb:

	WEAK			STRONG
	1	2	3	4
infinitive	**tala**	**köra**	**tro**	**springa**
imperative	**tala!** speak!	**kör!** drive!	**tro!** believe!	**spring!** run!

The negative imperative, used to say 'don't ...' is formed by adding the word **inte**:

> **vänta inte på mig!**
> don't wait for me!
> **oroa dig inte**
> don't worry

QUESTIONS

In questions there is a change of word order and the verb is put before the pronoun:

> **är han hemma?**
> is he at home?
> **har du läst tidningen?**
> have you read the newspaper?
> **när kommer hon till Lund?**
> when is she coming to Lund?
> **var bor de?**
> where do they live?

In answer to straight yes/no questions there are two words for 'yes'.

Ja gives a positive answer to a positive question:

> **är han hemma? – ja (han är hemma)**
> is he at home? – yes (he is at home)

Jo gives a positive answer to a negative question:

> **är han inte hemma? – jo (han är hemma)**
> isn't he at home? – yes (he is at home)

TELLING THE TIME

what time is it?	vad är klockan? *[vah ay klockan]*
it is one o'clock (two *etc***)**	klockan är ett (två *etc*) *[ett (tvaw)]*
it is ...	den är ... *[dayn ay]*
one a.m.	klockan ett på natten *[paw natten]*
seven a.m.	klockan sju på morgonen *[shoo paw morronen]*
one p.m.	klockan ett på eftermiddagen *[eftermiddahgen]*
seven p.m.	klockan sju på kvällen *[kvellen]*
midday	mitt på dagen *[dahgen]*
midnight	midnatt
five past eight	fem över åtta *[urver awtta]*
five to eight	fem i åtta *[ee]*
half past ten	halv elva
twenty-five to eleven	fem över halv elva
quarter past eleven	kvart över elva
quarter to eleven	kvart i elva

the 20th century	1900-talet *[nittonhoondra-tahlet]*
the 19th century	1800-talet *[ahrtonhoondra-tahlet]*
the 18th century	1700-talet *[shootonhoondra-tahlet]*

CONVERSION TABLES

1. LENGTH

centimetres, centimeters
1 cm = 0.39 inches

metres, meters
1 m = 100 cm = 1000 mm
1 m = 39.37 inches = 1.09 yards

kilometres, kilometers
1 km = 1000 m
1 km = 0.62 miles = 5/8 mile

km	1	2	3	4	5	10	20	30	40	50	100
miles	0.6	1.2	1.9	2.5	3.1	6.2	12.4	18.6	24.9	31.1	62.1

inches
1 inch = 2.54 cm

feet
1 foot = 30.48 cm

yards
1 yard = 0.91 m

miles
1 mile = 1.61 km = 8/5 km
1 Swedish mile = 6.7 English miles

miles	1	2	3	4	5	10	20	30	40	50	100
km	1.6	3.2	4.8	6.4	8.0	16.1	32.2	48.3	64.4	80.5	161

2. WEIGHT

gram(me)s
1 g = 0.035 oz

g	100	250	500
oz	3.5	8.75	17.5 = 1.1 lb

kilos
1 kg = 1000 g
1 kg = 2.20 lb = 11/5 lb

kg	0.5	1	1.5	2	3	4	5	6	7	8	9	10
lb	1.1	2.2	3.3	4.4	6.6	8.8	11.0	13.2	15.4	17.6	19.8	22

kg	20	30	40	50	60	70	80	90	100
lb	44	66	88	110	132	154	176	198	220

tons
1 UK ton = 1018 kg
1 US ton = 909 kg

tonnes
1 tonne = 1000 kg
1 tonne = 0.98 UK tons = 1.10 US tons

ounces
1 oz = 28.35 g

pounds
1 pound = 0.45 kg = 5/11 kg

lb	1	1.5	2	3	4	5	6	7	8	9	10	20
kg	0.5	0.7	0.9	1.4	1.8	2.3	2.7	3.2	3.6	4.1	4.5	9.1

stones
1 stone = 6.35 kg

stones	1	2	3	7	8	9	10	11	12	13	14	15
kg	6.3	12.7	19	44	51	57	63	70	76	83	89	95

hundredweights
1 UK hundredweight = 50.8 kg
1 US hundredweight = 45.36 kg

3. CAPACITY

litres, liters
1 l = 1.76 UK pints = 2.13 US pints
½ l = 500 cl
¼ l = 250 cl

pints
1 UK pint = 0.57 l
1 US pint = 0.47 l

quarts
1 UK quart = 1.14 l
1 US quart = 0.95 l

gallons
1 UK gallon = 4.55 l
1 US gallon = 3.79 l

4. TEMPERATURE

centigrade/Celsius
$C = (F - 32) \times 5/9$

C	−5	0	5	10	15	18	20	25	30	37	38
F	23	32	41	50	59	64	68	77	86	98.4	100.4

Fahrenheit
$F = (C \times 9/5) + 32$

F	23	32	40	50	60	65	70	80	85	98.4	101
C	−5	0	4	10	16	20	21	27	30	37	38.3

NUMBERS

0	noll		
1	en *[ayn]*		
2	två *[tvaw]*		
3	tre *[tray]*	1st	första *[furshta]*
4	fyra *[füra]*	2nd	andra
5	fem	3rd	tredje *[trayd-yeh]*
6	sex	4th	fjärde *[f-yairdeh]*
7	sju *[shoo]*	5th	femte *[femteh]*
8	åtta *[awtta]*	6th	sjatte *[shetteh]*
9	nio *[nee-eh]*	7th	sjunde *[shoondeh]*
10	tio *[tee-eh]*	8th	åttonde *[awttondeh]*
11	elva	9th	nionde *[nee-ondeh]*
12	tolv	10th	tionde *[tee-ondeh]*
13	tretton	11th	elfte *[elfteh]*
14	fjorton *[f-yoorton]*	12th	tolfte *[tolfteh]*
15	femton	13th	trettonde *[trettondeh]*
16	sexton		
17	sjutton *[shooton]*		
18	arton *[ahrton]*		
19	nitton		
20	tjugo *[choogeh]*		
21	tjugoett *[choogeh-ett]*		
22	tjugotvå *[choogeh-tvaw]*		
30	trettio *[trettee]*		
40	fyrtio *[furrtee]*		
50	femtio *[femtee]*		
60	sextio *[sextee]*		
70	sjuttio *[shootee]*		
80	åttio *[awttee]*		
90	nittio *[nittee]*		
100	hundra *[hoondra]*		
101	hundraett *[hoondra-ett]*		
110	hundratio *[hoondra-tee-eh]*		
200	tvåhundra *[tvawhoondra]*		
201	tvåhundraett *[tvawhoondra-ett]*		
1000	tusen *[toossen]*		
2000	tvåtusen		
1988	nittonhundraåttioåtta *[nittonhoondra-awtee-awtta]*		

1,000,000 en miljon *[ayn milyoon]*